HMH | ¡Arriba la **Lectura!**™

miLibro 1

Autores y asesores

Alma Flor Ada • Kylene Beers • F. Isabel Campoy

Joyce Armstrong Carroll • Nathan Clemens

Anne Cunningham • Martha C. Hougen

Elena Izquierdo • Carol Jago • Erik Palmer

Robert E. Probst • Shane Templeton • Julie Washington

Consultores

David Dockterman • Mindset Works®

Jill Eggleton

Printed in the U.S.A.

ISBN   978-1-328-49093-3

9 10   0868   27 26 25 24 23 22

4500849253   C D E F G

miLibro 1

¡Recibe una cordial bienvenida a miLibro!

¿Te gusta leer diferentes clases de textos por diferentes razones? ¿Tienes un género o un autor favorito? ¿Qué puedes aprender de un video? ¿Piensas detenidamente en lo que lees y ves?

Estas son algunas sugerencias para que obtengas el máximo provecho de lo que lees y ves, mientras interactúas con textos de manera significativa:

Establece un propósito ¿Cuál es el título? ¿Cuál es el género? ¿Qué quieres aprender de este texto o video? ¿Qué te parece interesante?

Lee y toma notas A medida que lees, subraya y resalta palabras e ideas importantes. Toma notas de todo lo que quieras saber o recordar. ¿Qué preguntas tienes? ¿Cuáles son tus partes favoritas? ¡Escríbelo!

Haz conexiones ¿Cómo se relaciona el texto o el video con lo que ya sabes o con otros textos o videos que conoces? ¿Cómo se relaciona con tu propia experiencia o con tu comunidad? Expresa tus ideas y escucha las de los demás.

¡Concluye! Repasa tus preguntas y tus notas. ¿Qué fue lo que más te gustó? ¿Qué aprendiste? ¿Qué otras cosas quieres aprender? ¿Cómo vas a hacerlo?

Mientras lees los textos y ves los videos de este libro, asegúrate de aprovecharlos al máximo poniendo en práctica las sugerencias anteriores.

Pero no te detengas aquí. Identifica todo lo que quieras aprender, lee más sobre el tema, diviértete y ¡nunca dejes de aprender!

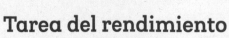

¡Qué personaje!

"Sé fiel a ti mismo. Haz de cada
día una obra maestra".

— John Wooden

¿Por qué son interesantes los personajes de los cuentos?

Video de
Mentes curiosas

Palabras acerca de personajes interesantes

Las palabras de la tabla de abajo te ayudarán a hablar y escribir sobre las selecciones de este módulo. ¿Cuáles de las palabras acerca de personajes interesantes ya has visto antes? ¿Cuáles son nuevas para ti?

Completa la Red de vocabulario de la página 13. Escribe sinónimos, antónimos y palabras y frases relacionadas para cada palabra.

Después de leer cada selección del módulo, vuelve a la Red de vocabulario y añade más palabras. Si es necesario, dibuja más recuadros.

PALABRA	SIGNIFICADO	ORACIÓN DE CONTEXTO
individualidad (sustantivo)	Tu individualidad es lo que te hace diferente de los demás.	Nuestro maestro nos recuerda que debemos respetar la individualidad de cada estudiante.
único (adjetivo)	Si algo o alguien es único, significa que no hay otro igual.	Cada copo de nieve tiene una forma única.
característica (sustantivo)	Una característica es una cualidad importante o interesante de una persona o cosa.	Le puse a mi perra el nombre de Pirata por la característica que tiene en un lado de la cara.
personalidad (sustantivo)	Tu personalidad es tu naturaleza o tu forma de pensar, sentir y actuar.	Mis padres dicen que mi hermano y yo tenemos personalidades diferentes.

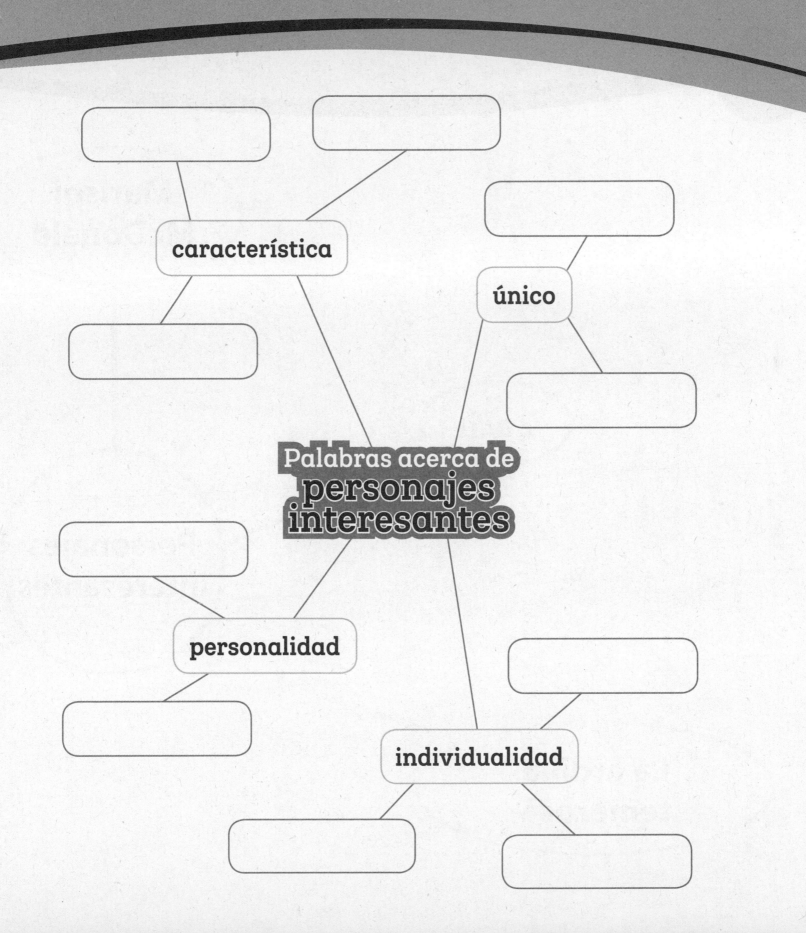

característica

único

Palabras acerca de
**personajes
interesantes**

personalidad

individualidad

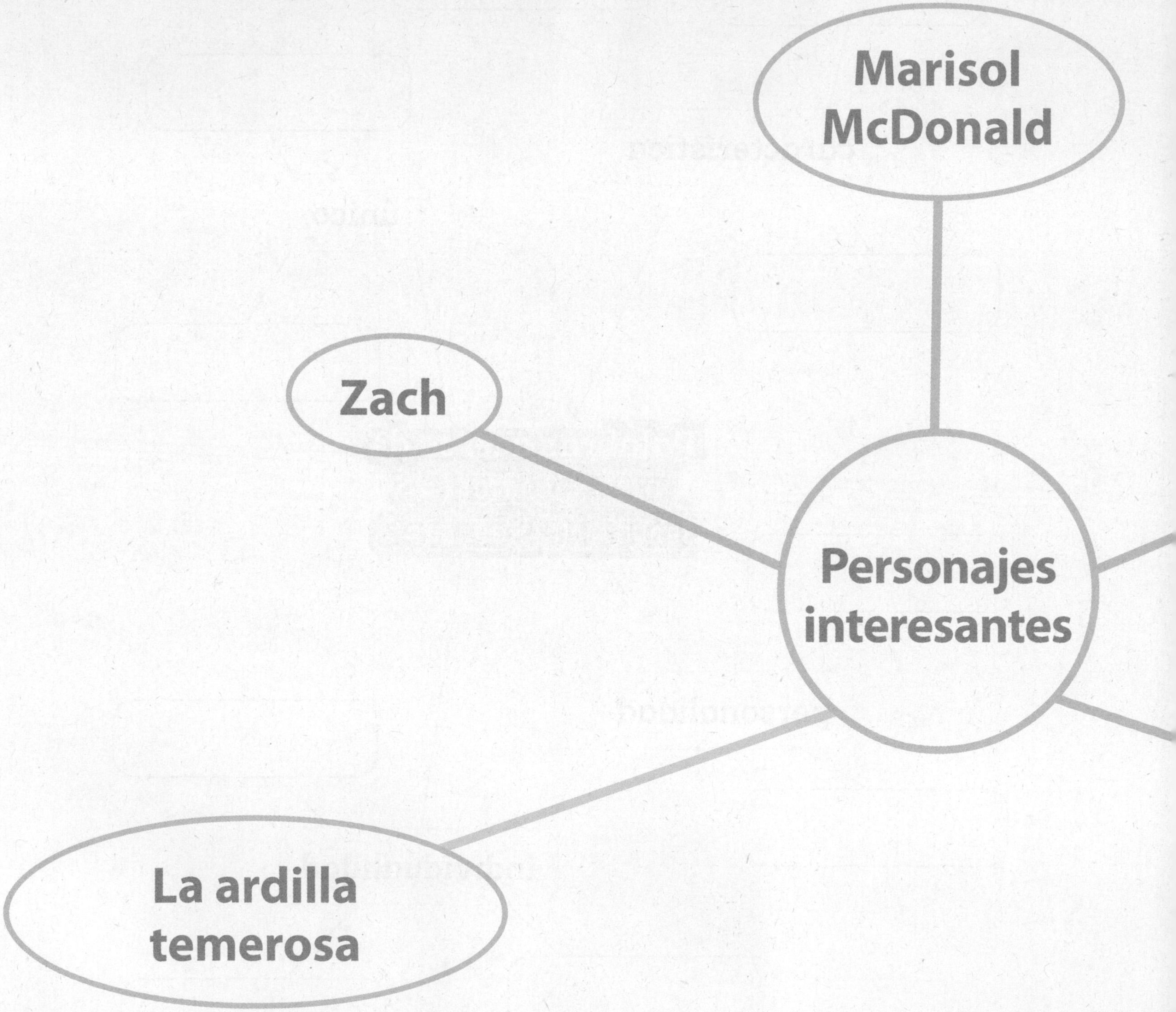

Marisol McDonald

Zach

Personajes interesantes

La ardilla temerosa

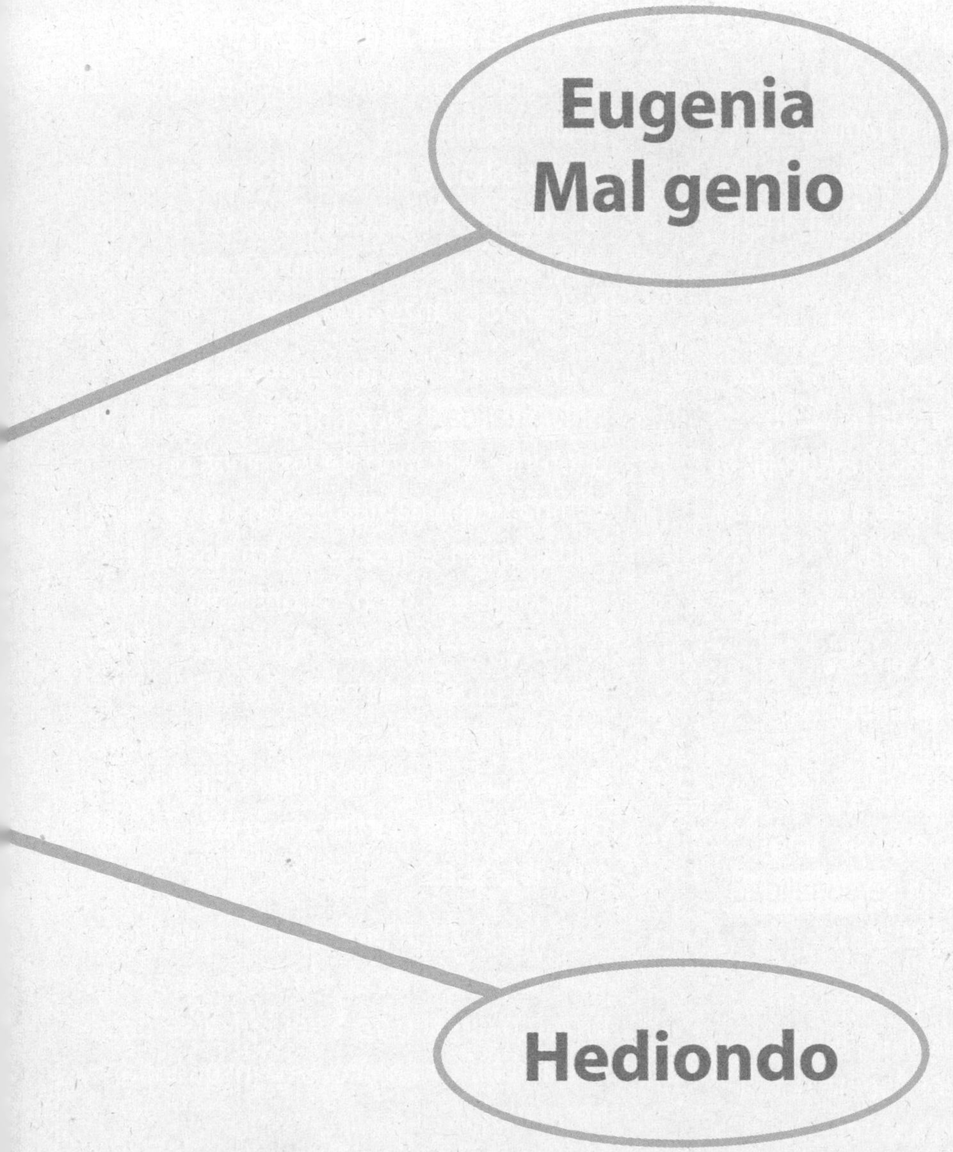

**Eugenia
Mal genio**

Hediondo

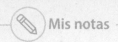

¡Zach se lanza!

1 **M**i hermano mayor Zach es único. No hay nadie como Zach. La mayoría de la gente lo admira porque es un deportista extraordinario, pero yo lo admiro porque se esforzó mucho para llegar a serlo. Zach es un nadador increíble. No es solo un nadador rápido y fuerte, sino también un supercampeón. Su habilidad es especialmente inusual porque Zach antes le tenía miedo al agua.

2 Cuando Zach tenía cinco años, se cayó en la piscina de los vecinos. El agua no le tapó la cabeza, pero aun así tuvo MUCHO miedo. Mamá lo sacó rápido de la piscina. No le pasó nada, pero a partir de aquel día, le tuvo terror al agua.

3 Cuando Zach tenía 10 años, fue a un campamento de verano. Ya en ese entonces le encantaban los deportes. Jugaba muy bien al béisbol y al baloncesto. Era muy competitivo y entrenaba mucho. Esta podría ser una característica principal de la personalidad de Zach. Siempre quiere ganar.

4 El único deporte en el que Zach no podía ganar era en natación. Le tenía mucho miedo al agua y por eso no podía aprender a nadar. Pero odiaba tenerle miedo al agua.

5 Entonces, Zach ideó un plan. Para ejecutarlo, necesitaba ayuda de su supervisor Trip. Todos los días, Trip iba con Zach al lago y cada día, Zach se acercaba más al agua. Un día, por fin, consiguió poner un dedo en el agua. Al día siguiente metió el pie entero. En una semana había conseguido meterse hasta las rodillas. Entonces, Zach se llenó de valentía e hizo lo que nunca antes había hecho. ¡Se lanzó al agua!

6 A Zach le gusta demostrar su individualidad haciendo las cosas de forma diferente. Ninguno de los niños del campamento había pasado de no saber nadar a convertirse en el campeón del campamento. Zach lo consiguió porque entrenó y se esforzó. Al final del verano ganó la prueba de natación del campamento. Después se unió al equipo de natación de la escuela. Y desde entonces lleva participando en competencias.

7 Ahora, Zach piensa que no hay nada que no pueda hacer. Ha dicho que su próximo desafío va a ser lanzarse desde el trampolín más alto. ¡Ay, mi querido hermano!

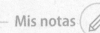

Características de la personalidad
- único
- valiente
- competitivo
- decidido

Características físicas
- atlético
- fuerte

Zach

Desafíos
- superar los miedos
- aprender habilidades nuevas
- hacer las cosas de forma diferente

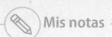

Prepárate para leer

ESTUDIO DEL GÉNERO La **ficción realista** cuenta un cuento sobre personajes y acontecimientos que se parecen a los de la vida real.

- Los autores de la ficción realista cuentan un cuento a través de la trama que incluye un conflicto y una solución.
- La ficción realista está ambientada en un lugar que es importante para el cuento e incluye personajes que actúan, piensan y hablan como personas reales.
- La ficción realista puede incluir un mensaje o una lección que aprenden los personajes.

ESTABLECER UN PROPÓSITO **Piensa en** el título y el género de este texto. ¿Qué crees que va a decir o hacer Marisol? ¿Cómo podría actuar? Escribe tus ideas abajo.

VOCABULARIO CRÍTICO

desentonan

guiña

sugiero

arruga

pastoso

usualmente

bilingüe

ronronea

**Conoce a la autora y a la ilustradora:
Monica Brown y Sara Palacios**

Marisol McDonald no combina

Un cuento de
Monica Brown

Traducción al español de
Adriana Domínguez

Ilustraciones de
Sara Palacios

1 **M**e llamo Marisol McDonald y todo en mí desentona.
Al menos, eso es lo que me dicen todos.

2 Cuando juego al fútbol con mi primo Tato, él me dice:
—Marisol, tu piel es morena como la mía, pero tu pelo es del color de las zanahorias. ¡Tú no combinas con nada!

3 —En realidad, mi pelo es del color del fuego —le contesto pateando la pelota, que vuela sobre su cabeza, llegando al arco.

21

4 **M**i hermano dice:

—Marisol, esos pantalones no combinan con esa blusa. ¡Desentonan!

5 Pero a mí me encantan los lunares verdes y las rayas moradas. Creo que van muy bien juntos. ¿No crees?

> **desentonan**   Los colores o estampados que desentonan lucen muy extraños o desagradables cuando están juntos.

6 **T**ambién me encantan los burritos de mantequilla de cacahuate y jalea, y hablar español e inglés, a veces al mismo tiempo.

7 —¿Puedo tener un perrito? ¿Un *puppy* dulce y peludito? —les pido a mis padres—. *Please?*

8 —Quizás —dice mami.

9 —*Maybe* —dice *Dad* sonriendo y me guiña un ojo.

> **guiña** Una persona guiña un ojo cuando lo cierra rápidamente mirando hacia otra persona con quien comparte una broma o secreto.

10 **A** mi maestra, la Srta. Apple, no le gusta como firmo mi nombre.

11 —Marisol McDonald —dice—, ¡esto no coordina! En la escuela aprendemos a escribir en letra de imprenta y en cursiva, pero no a usarlas a la misma vez.

12 Pero a mí me gusta como luce *Marisol* McDonald cuando lo escribo.

13 **E**n el recreo, Ollie y Emma quieren jugar a los piratas, pero Noah quiere jugar al fútbol.

14 —¿Por qué no jugamos a los piratas futbolistas? —les sugiero.

15 —¡Porque no! —contestan, y me voy corriendo a los columpios a jugar sola.

16 Después del recreo tenemos la clase de arte, mi favorita. Creo que mis dibujos sorprenden a mis amigos.

sugiero Si sugiero una cosa, le doy a otra persona ideas o planes para que piense en ellos.

17 **A** la hora del almuerzo, Ollie se me acerca y arruga la nariz.

18 —¿Un burrito de mantequilla de cacahuate y jalea? —pregunta.

19 —Ya sé, ya sé —le contesto—, no parece una buena combinación. ¡Pero es delicioso!

20 —Marisol, ¡tú no podrías hacer que algo combine bien aunque trataras! —dice Ollie.

21 —¿Ah, sí? ¡Te apuesto a que sí puedo!

arruga   Una persona arruga la nariz para expresar disgusto.

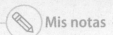

❋ ❋ ❋

22 **C**uando me despierto al día siguiente, decido que hoy, Marisol McDonald, va a combinar todo bien.

23 No es fácil encontrar ropa del mismo color.

24 Juego a los piratas con Ollie en el recreo, pero no me divierto mucho. ¿Por qué no pueden jugar al fútbol los piratas?

25 Como un sándwich de mantequilla de cacahuate y jalea a la hora del almuerzo, pero el pan sabe… pastoso.

> **pastoso**   Algo pastoso es blando y pegajoso.

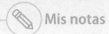

26 **H**asta la clase de arte me aburre un poco.

27 —Marisol, ¿qué sucede? Usualmente tu trabajo es mejor —dice la Srta. Apple.

28 —Estoy tratando de combinar bien y coordinar con todo —le contesto frunciendo el ceño.

29 —¿Por qué? —pregunta la Srta. Apple.

30 No se me ocurre una buena razón.

> **usualmente** Las cosas que haces usualmente, las haces de manera usual, habitual o como de costumbre.

31 Al final del día, la Srta. Apple me da una nota. La abro y la leo:

32 Marisol:

33 Quiero que sepas que te aprecio tal y como eres, porque la Marisol McDonald que conozco es una artista y jugadora de fútbol peruana-escocesa-estadounidense, bilingüe, creativa, única ¡y simplemente maravillosa!

34 –Srta. *Jamiko* Apple

35 Brinco todo el camino a casa.

| **bilingüe** | Una persona bilingüe puede hablar dos lenguas. |

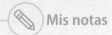

36 **C**uando me despierto el sábado, me pongo mi camisa rosada con mi falda de lunares y mi sombrero favorito, el que mi abuelita me trajo de Perú.

37 Durante el desayuno, digo: —Me llamo Marisol McDonald y no combino bien porque… ¡no quiero hacerlo!

38 —¡Bravo! —dice mami.

39 —Me alegro por ti —dice *Dad*—. Ahora, ¡vamos a la perrera a buscar tu perrito!

40 Cuando llegamos a la perrera, vemos perros
grandes y perros pequeños. Hay perros con el
hocico muy largo y perros con la cara aplastada.
Hay perritos del color del chocolate, perritos color
gris humo y perritos color caramelo.

41 ¿Cómo escogeré el mío?

42 Hasta que lo veo: tiene una oreja caída
y una puntiaguda; un ojo azul y uno café.
¡Es hermoso!

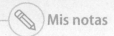

43 **C**amino hacia él y salta en mi falda. Lo abrazo y parece que ronronea.

44 —¡Creo que hemos encontrado el perro perfecto para ti, Marisol! —dice mami.

45 Mi perrito es perfecto. No coordina, no combina con nada, *desentona* con todo y es simplemente maravilloso, igual que yo. Creo que lo llamaré. . .

¡Minino!

> **ronronea** Cuando un gato ronronea, hace un sonido para demostrar que está contento.

Conversación colaborativa

Vuelve a leer lo que escribiste en la página 18. Comenta tus ideas sobre Marisol con un compañero. Luego trabaja en grupo y comenta las preguntas de abajo. Busca detalles en *Marisol McDonald no combina* para apoyar tus ideas. Toma notas para responder las preguntas y úsalas cuando hables. Durante la conversación, piensa en cómo se relacionan tus ideas con lo que dicen los demás.

1 Vuelve a leer la página 21. ¿Qué aprendes sobre Marisol cuando dice que su pelo es del color del fuego y no del color de las zanahorias?

2 Vuelve a leer las páginas 24 y 25. ¿Qué piensa la Srta. Apple sobre cómo firma Marisol su nombre?

3 Repasa la página 31. ¿Cómo se siente Marisol después de leer la nota de la Srta. Apple?

Sugerencia para escuchar

Escucha los detalles y las ideas que comenta cada hablante. ¿Qué información nueva puedes agregar?

Sugerencia para hablar

Antes de hablar, piensa en lo que han dicho los demás. Haz preguntas para asegurarte de que comprendes sus ideas. Si estás de acuerdo, dilo y agrega tus propias ideas.

Citar evidencia del texto

Escribir una idea para un cuento

TEMA PARA DESARROLLAR

Conociste a un personaje interesante y valiente en *Marisol McDonald no combina* de Monica Brown. Marisol podría vivir todo tipo de aventuras porque piensa y actúa de forma especial y personal.

Imagina que la autora les ha pedido a los lectores que ofrezcan ideas sobre las aventuras que podrían ocurrir después en la vida de Marisol. ¿Qué podría ocurrir en su casa o en la escuela que pueda causar un problema para Marisol? Partiendo de la respuesta de Marisol ante los problemas en *Marisol McDonald no combina*, ¿cómo podría resolver este nuevo problema? Escribe un párrafo que describa una idea para un cuento que pudiera publicarse en el sitio web de Monica Brown.

PLANIFICAR

Haz una lista de los problemas que Marisol experimenta. Piensa en cómo los soluciona. Luego escribe una oración resumiendo lo que Marisol hace para solucionar sus problemas. ¿Cómo podrías aplicar esta estrategia a un problema nuevo?

Ahora escribe un párrafo que describa una idea para un cuento que podrías publicar en el sitio web de la autora.

✓ Asegúrate de que tu idea para un cuento
☐ establece el tiempo y el lugar.
☐ explica el problema de Marisol y su respuesta ante el mismo.
☐ cuenta los acontecimientos en el orden que podrían ocurrir.
☐ explica cómo podría terminar el cuento.

Observa y anota
¡Eureka!

Prepárate para leer

ESTUDIO DEL GÉNERO La **ficción realista** cuenta un cuento sobre personajes y acontecimientos que se parecen a los de la vida real.

- Los acontecimientos de la ficción realista se van desarrollando de manera sucesiva y consecuente para hacer avanzar la trama.

- La ficción realista incluye personajes que actúan, piensan y hablan como personas reales.

- La ficción realista puede incluir detalles sensoriales y lenguaje figurado para atraer la atención del lector.

- La ficción realista incluye a menudo un diálogo para desarrollar el cuento.

ESTABLECER UN PROPÓSITO **Piensa en** el título y el género de este texto. ¿Qué tipo de chica podría ser Eugenia? Haz una lista abajo con algunas de las palabras que podrían describir a Eugenia.

VOCABULARIO CRÍTICO

genio

impertinente

ilustro

enredada

Conoce a la autora:
Megan McDonald

Eugenia Mal genio.

Humor marciano

por Megan McDonald

ilustrado por Peter H. Reynolds

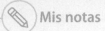

Quién es quién

Eugenia De buenas

Hediondo

Roco

Frank

Lana

Jessica

Amy

Mamá

Papá

De malas

1 Eugenia Mal genio estaba de malas: agria como un limón, con cara de pocos amigos. Todo porque las fotos de la escuela habían llegado ese día.

2 Si Hediondo entrara a su cuarto en ese momento, seguro que le pediría que le enseñara la foto de la escuela. Y si se la mostraba, vería que había estado usando la camiseta de SOY UNA CHICA Y GRITO, la misma que llevaba hoy. Y si llevaba puesta la camiseta de GRITO en la foto de la escuela, también diría que se parecía a Pata grande: con la frente y los ojos escondidos debajo de ese pelo que parece un nido de pájaros.

3 Mamá y papá pondrían el grito en el cielo.

4 —Por una sola vez nos gustaría tener una foto bonita de nuestra hija —dijo papá esa misma mañana.

5 —Quizás este sea el año que tanto hemos esperado —dijo mamá.

6 Pero todo sería igual en tercer grado.

> **genio** Es el modo en que te sientes, que puede ser alegre o enfadado. La palabra genio es sinónimo de humor.

7   Eugenia esparció sus fotos escolares sobre el piso. En ellas se veía como:

Una payasita
(Kindergarten)

Una pirata
tuerta
(Segundo grado)

Un niño
(Primer grado)

Pata grande
(Tercer grado)

8   Qué bueno sería si mamá y papá se olvidaran de las fotos de la escuela este año, pero ni soñarlo. ¡Quizás Eugenia podría fingir que el perro se las había comido! Pero era una lástima que en su casa no hubiera un perro sino un gato llamado Ratón. Podría también haber dicho que un malvado ladrón de fotos escolares las había borrado de la computadora. Pero esto era imposible.

9   Peor aún, en la clase, Roco había guardado la foto en la que se parece a Pata grande y no se la había querido devolver. Luego se la pasó a Frank, con lo que Eugenia dio un grito y saltó bien lejos de su asiento en lugar de hacer su ejercicio de matemáticas. Fue entonces cuando el Sr. Torres dijo la palabra que empieza con A.

10 *Antártida.*

11 Se trata del pupitre al fondo del salón adonde Eugenia iba castigada por un rato hasta "enfriar sus ánimos". ¡La tercera vez en un mismo día! Nunca, en toda su historia, Eugenia había estado en la Antártida tantas veces seguidas.

12 Con solo recordarlo, sintió en el estómago un hueco nauseabundo del tamaño de una rosquilla.

13 Por eso, Eugenia Mal genio estaba de malas. Un mal humor que le hacía sentir ganas de tejer con los dedos, de no pensar en las fotos de la escuela, de estar sola: a solas completamente, sin que ningún hermanito la fastidiara y molestara como un mosquito impertinente. ¡Bzzz! Hediondo siempre le zumbaba en el oído.

---

impertinente   Algo o alguien impertinente molesta.

14   La cama de arriba de la litera era el lugar favorito número uno de
Eugenia para acurrucarse con Ratón, pero Hediondo, sin lugar a dudas, la
encontraría allí. Eugenia se arrastró sobre un montón de chanclas y una
pila de ropa sucia hasta su lugar favorito número dos, donde nadie la
molestaba: dentro del clóset, detrás de la ropa. Se echó a la boca una tira
kilométrica de goma de mascar de Hediondo.

15   —No me mires así, Ratón. Hediondo no se va a enterar —dijo y agarró
una madeja marrón grisácea y enrolló la lana en el dedo pulgar. Ratón
golpeó con una pata la trenza tejida con los dedos.

16   Arriba, abajo, arriba, abajo y de nuevo. Vuelta y vuelta y vuelta. Haló la
trenza larga de lana verde manzana que colgaba de su mano izquierda por
una punta. Sus dedos volaban. Eugenia Mal genio era la tejedora a mano
más veloz de Lago Cuello de Rana en Virginia. La tejedora a mano más
veloz de la costa este. ¡Quizás la más veloz del mundo entero!

17   Tejer a mano era estupendo: no se necesitaban agujas. Entretejió la lana
con los dedos, uno, dos, tres, cuatro vueltas, otra vez, arriba, abajo, por el
medio… igual que su abuela Luisa le había enseñado durante el gran
apagón del huracán Elmer.

18   El clóset de Eugenia era como un pequeño cuarto secreto: todo para
ella solita. Hasta tenía una ventana. Una ventana pequeña y redonda,
como las de los barcos mercantes o piratas.

19   *El barco navegaba en el mar azul, balanceándose sobre las
olas bajo un cielo lleno de nubes de malvavisco. Eugenia y Ratón
se mecían de un lado a otro en la hamaca del barco que se
columpiaba en medio de la brisa. Hasta que el barco chocó
contra una ola gigante y. . .*

20   *¡Ratón al agua!*

21   *Eugenia le lanzó su trenza de lana a Ratón. Sintió un tirón en la
cuerda. Pero en realidad era. . .*

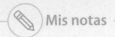

22   —¡Hediondo! —Eugenia despertó de golpe de su sueño mañanero, tan sorprendida que hasta la goma de mascar salió volando—. ¡Perdí mi chicle del susto que me diste!

23   —¿De dónde sacaste ese chicle? —preguntó Hediondo.

24   —De ningún lado. Es un chicle reusado —lo recogió y se lo echó de vuelta a la boca—. ¿Y cómo me encontraste?

25   —Seguí la trenza de lana.

26   La trenza larga y colorida entretejida a mano serpenteaba sobre el piso del clóset, trepaba por las pilas de libros y torres de juguetes, se enrollaba en la montaña Calcetines y se escabullía por debajo de la puerta.

27   —Pues mala idea. Estoy de malas.

28   —¿Y cómo iba a saberlo?

29   —Pistas uno, dos y tres: ¿qué tal esos cartelitos tan monos que cuelgan del picaporte de la puerta?

30   —¡Ah! Creí que ibas a decir por las fotos de la escuela.

31   —Eso también.

32   —Alguien está de mal genio.

33   —¡Bingo!

34   —¿Acaso es culpa mía no ir por ahí leyendo carteles en los picaportes?

35   Eugenia miró a su alrededor y agarró un cojín afelpado.

36   —¿Ves este cojín? Será mi cojín del genio. Será nuestra señal. Si el cojín está parado, significa "estoy de buenas, puedes pasar". Pero si lo acuesto, querrá decir "de malas, vete". Esto será mejor que el letrerito en el picaporte.

37   —¿Y si el cojín estuviera parado y la ventana abierta y llegara un huracán y unos vientos superfuertes lo derribaran y lo dejaran tirado en el piso? ¿O si un monstruo gigante, más grande que King Kong, viniera y levantara la casa y la agitara como un palillo y el cojín quedara acostado?

38   —Bien —dijo Eugenia y sacó un marcador de su caja de lápices. Acomodó el cojín sobre sus rodillas. En un lado del cojín, dibujó una cara feliz para cuando estaba de buenas. Del otro lado, dibujó una cara enojada para cuando estaba de mal genio.

39   —Este será mi cojín del genio. La cara feliz significa "pasa". La cara enojada quiere decir "aléjate" —y puso el cojín contra la pared con la cara enojada hacia afuera—. El cojín ha hablado, Hediondo.

El experimento de Jessica

40   Eugenia Mal genio tuvo una idea. Una idea para no estar malhumorada. Intentaría estar de buenas durante una semana completa.

41   —Oigan, ¿qué hacen para estar de buen humor? —les preguntó a sus amigos.

42   —Yo hago un truco de magia, como el truco del dedo falso —dijo Roco halándose el dedo índice, simulando que se lo arrancaba—. Si me sale bien y todos se asombran y aplauden, estoy de buen humor.

43   —Ajá —exclamó Eugenia y tomó nota para acordarse.

44   —Yo me pongo de buen humor cuando termino mi tarea —dijo Frank.

45   —Ajá —Eugenia repasó sus notas.

46   —A mí me pone de buenas escribir cuentos. Sueño con algo y lo convierto en un libro y también lo ilustro —siguió Amy.

---

ilustro   Si ilustro un libro, hago dibujos que se relacionan con la historia.

47   Eugenia escribió más notas y las repasó.

48   *1. Truco de magia*

49   *2. Tarea*

50   *3. Escribir un cuento*

51   —Yo puedo hacerlo —dijo Eugenia.

52   —¿Hacer qué? —preguntó Amy.

53   —¿Hacer qué? —preguntaron Roco y Frank.

54   —Eeeh… nada. No tiene importancia.

55   Eugenia corrió a casa y sacó su lista. *Truco de magia*. Trató de hacerle a Hediondo un truco con naipes, pero lo único que consiguió fue desparramar la baraja por todos lados. *Tarea*. No podía imaginarse cómo hacer la tarea ponía de buen humor a alguien. La tachó de la lista. *Escribir un cuento*. Eugenia intentó escribir uno.

56   Este cuento no tendría fin. Escribir un cuento no iba a ponerla de buenas. ¿Quién más podría darle algunas ideas? ¿Mamá? ¿Papá? ¿Hediondo?

57   Debía ser alguien inteligente y a quien nunca hubieran enviado a la Antártida.

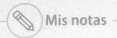

58　　¡Un momento! ¿Qué podría ser más perfecto que hablar con la señorita Perfección? Alguien que se cepillaba el pelo todos los días y que respetaba todas las reglas y que sacaba buenas calificaciones y que nunca había estado ni cerca de la Antártida.

59　　Alguien que tenía una bola mágica de la fortuna, la bola mágica #8.

60　　¡Jessica Excelente Pérez! ¡Claro!

61　　Con ella, Eugenia podría aprender los principios básicos de cómo hacerlo todo bien. Sin duda alguna, ser perfecta la pondría de buen humor. Todo lo que tenía que hacer era estudiar el tema. ¡Como en un experimento de ciencias!

62　　Tomó su cuaderno de notas y saltó en su bicicleta y pedaleó calle abajo y dobló en la esquina y llegó a la casa de los Pérez.

63　　¡Ding-dong! Tocó el timbre. La mismísima Jessica Excelente abrió la puerta.

64　　—¿Eugenia Mal genio? ¡Qué milagro!

65　　No le iba a decir su secreto a Jessica Correveidile Pérez. El mundo entero se enteraría.

66　　—Es que, ehhh, pensé que podríamos pasar un rato juntas —dijo Eugenia.

67　　—Pero tú nunca quieres estar conmigo.

68　　—Nunca digas nunca —dijo Eugenia, haciendo a un lado a Jessica—. ¿Puedo pasar?

69　　—Ya estás adentro —dijo Jessica.

70　　—Bueno, ehhh, ¿qué tal si subo a tu cuarto?

71　　—Claro —dijo Jessica—. Justo iba a empezar a medir cosas para nuestra siguiente unidad de matemáticas, Mediciones.

72　　—Pero no empieza hasta el jueves —dijo Eugenia.

73　　—Es que siempre me gusta llevar ventaja —dijo Jessica.

74   Eugenia se encaramó en la cama al lado de Jessica. Y empezó a brincar para medir el factor "salto".

75   —A mi mamá no le gusta que salte en la cama —dijo Jessica.

76   —Ojo —dijo Eugenia y anotó en su cuaderno: NO SALTAR EN LA CAMA. Eugenia miró a Jessica de reojo. Llevaba el pelo peinado hacia atrás con una linda cola de caballo e iba toda vestida de rosa. Eugenia escribió: PEINARSE CON COLA DE CABALLO y VESTIRSE DE ROSA.

77   —¿Por qué me miras tanto? —preguntó Jessica—. Me pones nerviosa.

78   —Por nada en especial —dijo Eugenia y miró a su alrededor.

79   La cama estaba tendida y sobre ella había cien millones de cojines acolchonados de color rosa. Unos cerditos de peluche estaban organizados en fila sobre el tocador al lado de una colección de cerditos alcancía.

80   No había libros ni ropa regada por el piso. No había lápices ni crayones ni pinturas sobre el piso. No había envolturas de chicle sobre el piso. En un afiche en la pared, un robot rosado decía OBEDECE. "Qué aterrador", pensó Eugenia, pero no lo comentó.

81   —El piso está muy limpio —dijo Eugenia—. Hasta puedo ver la alfombra.

82   —Gracias —dijo Jessica—. Me gusta que mi cuarto esté siempre limpio. Me pone de buen humor.

83   —Ojo —dijo Eugenia y escribió en su cuaderno: CUARTO LIMPIO.

84   —¿Qué escribes? —preguntó Jessica.

85   —Nada en especial —dijo Eugenia olfateando el aire—. Huele a magdalenas. ¿Las hueles?

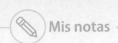

86   —Es mi brillo de labios —dijo Jessica sonriendo y abrió una diminuta magdalena de plástico color rosa. Adentro había una pasta mantecosa de brillo de labios. Eugenia se puso un poco. ¡Mmm, mmm! Quizás el brillo de labios con sabor a magdalenas era otra pista para estar de buenas. Y escribió en sus notas: USAR BRILLO DE LABIOS CON SABOR A MAGDALENAS.

87   —¿Así que te gustan las caritas felices? —preguntó. Eugenia había visto en el cuarto de Jessica un cojín, una caja de lápices y varios clips con caritas felices. También vio unas gafas y unas pantuflas con caritas felices. Hasta el celular que estaba sobre el escritorio tenía una carita feliz. Agarró la bola mágica #8 de Jessica que, por supuesto, también sonreía.

88   —¿Puedo hacerle una pregunta?

89   Jessica asintió con la cabeza.

90   Eugenia tenía una pregunta candente, pero como era un secreto, decidió hacerse la pregunta a sí misma en silencio. "¿Seré capaz de estar de buen humor durante una semana completa?".

91   Agitó la bola mágica #8. "¡Qué lindo atuendo!". Hizo de nuevo la pregunta y volvió a agitar la bola. "¡Tu aliento huele a menta!". Hizo otro intento. "Hueles muy bien".

92   —La bola me sigue diciendo que huelo bien —dijo Eugenia.

93   —Es por el brillo de labios —explicó Jessica Sabelotodo—. ¿Quieres que hagamos la tarea ahora?

94   Eugenia anotó en su cuaderno: HACER LA TAREA A TIEMPO.

95   Jessica sacó su regla transparente "siempre rosa" y su cinta métrica "siempre rosa", incluso, un metro "siempre rosa".

96   —¡Vaya! Hasta tienes un metro. Yo tengo una tira kilométrica de goma de mascar. Es así de grande —dijo Eugenia mientras estiraba los brazos a todo lo ancho—. Bueno, así era antes. Ahora solo quedan cinco centímetros y tres milímetros de chicle. Pero la caja es una regla de un metro, ¡en serio! Además, tiene chistes y...

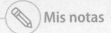

97 —Si yo fuera tú, no la usaría para hacer la tarea —dijo Jessica.

98 Eugenia buscó a su alrededor alguna cosa que pudiera medir.

99 —¿Tienes un gato? Podríamos medir algo como la cola de un gato —dijo Eugenia.

100 Jessica frunció el ceño.

101 —Estaba a punto de medir la alfombra —dijo mientras extendía la cinta métrica sobre la alfombra.

102 ¡Qué aburrido! Esto de estar de buen humor era más difícil de lo que parecía. Eugenia empezó a sentir comezón en los dedos. Si pudiera regresar a su clóset y tejer a mano... Pero, en cambio, observó con más atención a Jessica.

103 —¿Alguna vez has perdido el autobús de la escuela? —preguntó Eugenia.

104 Jessica volvió a fruncir el ceño.

105 —¿Por qué habría de perderlo?

106 —Lo que quiero preguntar es que si alguna vez has llegado tarde a la escuela. Digamos que te acostaste muy tarde. O que te quedaste leyendo un libro bajo las cobijas cuando debías estar preparándote. O que no hiciste la tarea de ortografía y decidiste quedarte enferma en casa.

107 —Siempre hago mi tarea de ortografía. Nunca finjo estar enferma. Además, tengo un "relojín móvil" —dijo Jessica y le mostró el reloj despertador con ruedas que estaba sobre su mesita de noche—. Hace bip como un robot y salta de la mesa a la hora en que debo levantarme. Y yo tengo que saltar de la cama para perseguirlo por todas partes.

108 —¿Puedo ver cómo funciona? —preguntó Eugenia.

109 —¡Claro! —dijo Jessica y lo programó para que sonara en un minuto. Y esperaron. Y esperaron un poco más.

110   ¡Ip, bip! El "relojín móvil" saltó al piso. "¡Es hora de levantarse, dormilona!". Rodó sobre la alfombra. "¡Anímate! ¡Prepárate!". Corrió debajo de la cama. "¡El sol brilla! ¡Qué maravilla!". Eugenia empezó a perseguirlo por todo el cuarto.

111   —¡Vaya! —dijo Eugenia—. Rueda, habla, rima y da la hora.

112   Escribió en su cuaderno: COMPRAR UN RELOJÍN MÓVIL PARA NUNCA LLEGAR TARDE.

113   —¡Qué divertido! Hagámoslo de nuevo, pero esta vez…

114   —No es un juego en realidad —dijo Jessica poniendo el reloj de nuevo sobre la mesita de noche—. Hagamos de una vez la tarea.

115   Eugenia miró su lista de deberes. Tenía mucho por hacer si quería estar lejos de la Antártida. Tenía mucho que aprender para estar de buen humor.

116   —No puedo —dijo Eugenia—. Tengo que, ehhh, irme para terminar mi experimento de ciencias.

117   —¿Experimento de ciencias? —Jessica se sentó derechita y abrió grande los ojos—. ¿Qué experimento de ciencias? No tenemos ningún…

118   Pero Eugenia ya había salido del cuarto y bajaba a toda prisa las escaleras.

119   ¡Hasta luegooo!

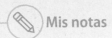

Espagueti yeti

120   Lo primero es lo primero. En cuanto Eugenia llegó a su casa, se peinó hacia atrás y se hizo dos colas de caballo al estilo Jessica Pérez. Luego, limpió su cuarto al igual que una amiga M-A-N-I-Á-T-I-C-A, palabra #23 de la lista de palabras nuevas del Sr. Torres. Definición: que tiene manía. Resolló y resopló mientras recogía libros, juegos, materiales de arte y animales de peluche. Ooohhhhuuuaaaaa. ¡Qué aburrido! Ratón seguía cada uno de sus movimientos. Eugenia resolló y resopló más mientras guardaba playeras, pantalones cortos, calcetines y pijamas. ¡Qué aburrido, multiplicado por dos!

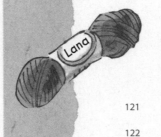

121   Ratón se abalanzó sobre un calcetín.

122   —Dámelo. No es hora de jugar, Ratón. Ojalá pudiera.

123   Hasta la lana la guardó dentro del clóset.

124   Jessica Pérez estaba loca de remate si creía que limpiar el cuarto te puede poner de buen humor.

125   Luego, hizo su tarea de esta semana. Leer, leer, leer. Deletrear, deletrear, deletrear. Multiplicar. Dividir. ¡Fin!

126   Hacer su tarea a tiempo no la puso de buen humor.

127   —¿Ahora qué, Ratón? —preguntó Eugenia.

128   Revisó su cuaderno de notas. ¡Eureka! Eugenia Mal genio tuvo una idea.

129   Escarbó y escarbó como un tejón hasta la parte de atrás de su clóset. Sacó sus regalos de la Navidad pasada.

130   Debajo del suéter del ratón bailarín en la parte de delante, el que le había tejido la abuela Luisa, había un regalo de sus abuelos de California. No era un kit para hacer chicle. No era un kit para hacer una lámpara de caracol. ¡Era un kit para hacer tu propio brillo de labios con sabor a algodón azucarado, chocolate y magdalena! ¡¡Doble signo de admiración!!

131   La Navidad pasada, Eugenia ni por nada habría usado un brillo de labios de sabores. Pero eso había sido antes del experimento de Jessica. Ahora debía intentarlo, en nombre del buen humor.

132   Como no quería desordenar su cuarto, prefirió desordenar el baño. Agua tibia, manos pegajosas, sabor aromático y… *¡voilà!* Ahí estaba para ella solita ese delicioso brillo de labios con sabor a magdalena.

133   ¡Mww, mww! Eugenia se miró en el espejo y chascó los labios. Mmm, mmm. Y se los lamió. ¡Ay! Y se puso más. Smac, smac, smac. ¡Qué rico sabía! El brillo de labios con sabor a magdalena la puso de mejor humor, un poquito. ¿Quién lo iba a pensar?

134   Eugenia regresó a su cuarto. ¡Y cantó una canción sin ton ni son! Su trenza tejida a mano estaba enredada afuera de la puerta del clóset: serpenteaba, subía, trepaba y se enrollaba en el picaporte, sobre el tocador y en el piso, donde Ratón estaba acurrucado, muy dormido sobre una bola de lana.

---

enredada   Si una cosa está enredada, está enmarañada y revuelta.

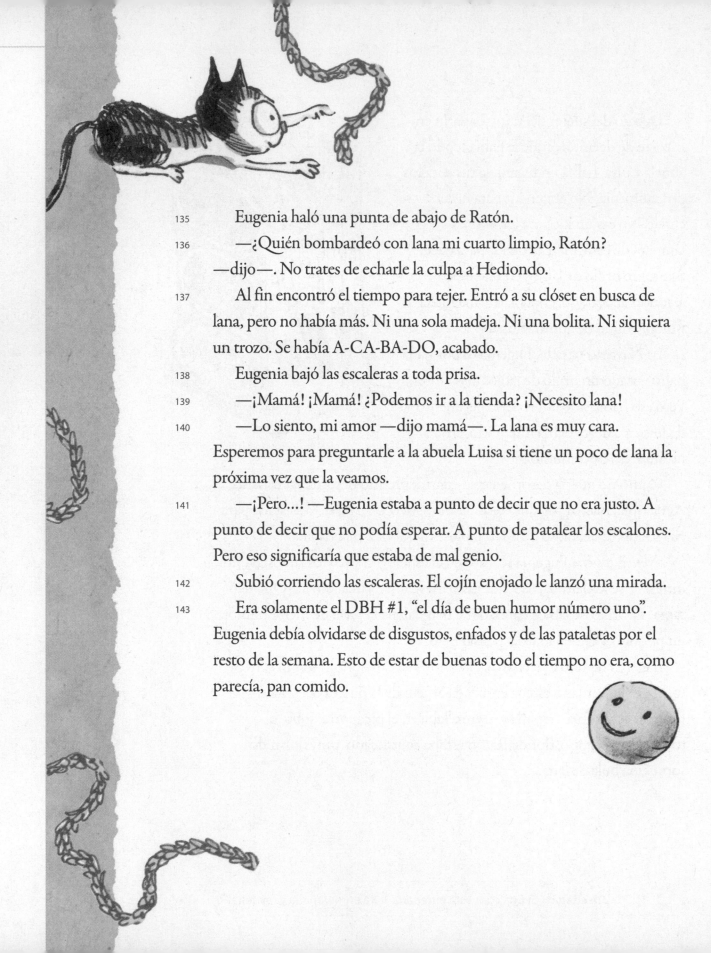

135   Eugenia haló una punta de abajo de Ratón.

136   —¿Quién bombardeó con lana mi cuarto limpio, Ratón? —dijo—. No trates de echarle la culpa a Hediondo.

137   Al fin encontró el tiempo para tejer. Entró a su clóset en busca de lana, pero no había más. Ni una sola madeja. Ni una bolita. Ni siquiera un trozo. Se había A-CA-BA-DO, acabado.

138   Eugenia bajó las escaleras a toda prisa.

139   —¡Mamá! ¡Mamá! ¿Podemos ir a la tienda? ¡Necesito lana!

140   —Lo siento, mi amor —dijo mamá—. La lana es muy cara. Esperemos para preguntarle a la abuela Luisa si tiene un poco de lana la próxima vez que la veamos.

141   —¡Pero…! —Eugenia estaba a punto de decir que no era justo. A punto de decir que no podía esperar. A punto de patalear los escalones. Pero eso significaría que estaba de mal genio.

142   Subió corriendo las escaleras. El cojín enojado le lanzó una mirada.

143   Era solamente el DBH #1, "el día de buen humor número uno". Eugenia debía olvidarse de disgustos, enfados y de las pataletas por el resto de la semana. Esto de estar de buenas todo el tiempo no era, como parecía, pan comido.

Conversación colaborativa

Vuelve a leer lo que escribiste en la página 38. Comenta tus ideas y haz una lista de palabras con un compañero. Luego trabaja en grupo y comenta las preguntas de abajo. Busca detalles y ejemplos en *Eugenia Mal genio, Humor marciano* y toma notas para responder las preguntas. Recuerda escuchar atentamente lo que dicen los demás y esperar tu turno para hablar.

1 Vuelve a leer la página 41. ¿Qué puedes decir sobre los motivos por los que Eugenia va tantas veces a un lugar del salón de clases llamado *Antártida*?

2 Vuelve a leer las páginas 41 a 43. ¿Por qué le gusta a Eugenia tejer con los dedos?

3 Vuelve a leer las páginas 48 y 49. ¿Qué espera aprender Eugenia cuando visite a Jessica? ¿Por qué es importante que Eugenia aprenda?

Sugerencia para escuchar

Presta atención a los detalles del cuento que los hablantes usan para explicar sus respuestas. Intenta no repetir lo que han dicho los demás.

Sugerencia para hablar

Recuerda levantar la mano (o seguir las reglas de la clase) para indicar que quieres hablar. Espera hasta que haya terminado la última persona antes de empezar a hablar.

Escribir un correo electrónico

TEMA PARA DESARROLLAR

En *Eugenia Mal genio, Humor marciano,* leíste sobre el kit para hacer tu propio brillo de labios que le regalaron a Eugenia los abuelos de California. Sus abuelos le habían enviado el regalo meses antes de que Eugenia decidiera usarlo.

Imagina que eres Eugenia. Escribe un correo electrónico a tus abuelos para decirles que has usado el kit para hacer brillo de labios. Describe los acontecimientos que te llevaron a usar el kit. Diles lo que piensas sobre esos acontecimientos y cómo termina el cuento. Trata de usar algunas palabras del Vocabulario crítico en tu escritura.

PLANIFICAR

Haz una lista de las actividades que trata de hacer Eugenia para poder estar de buen humor. Al lado de cada actividad, escribe lo que sintió Eugenia con cada experiencia.

ESCRIBIR

Ahora escribe tu correo electrónico sobre el kit para hacer brillo de labios.

✓ Asegúrate de que tu correo electrónico

☐ está escrito desde el punto de vista de Eugenia.
☐ describe los acontecimientos importantes del cuento.
☐ muestra lo que siente Eugenia con sus experiencias.
☐ dice cómo termina la experiencia de Eugenia.

Prepárate para leer

ESTUDIO DEL GÉNERO La **ficción realista** cuenta un cuento sobre personajes y acontecimientos que se parecen a los de la vida real.

- La ficción realista incluye personajes que actúan, piensan y hablan como personas reales.
- La ficción realista incluye un diálogo entre personajes para desarrollar el cuento. Los personajes pueden utilizar un lenguaje informal para que la conversación parezca real.
- Los acontecimientos de la ficción realista se desarrollan de manera sucesiva y consecuente.

ESTABLECER UN PROPÓSITO **Piensa en** el género de este texto y mira las ilustraciones. ¿Qué sabes sobre las ranas? ¿Qué crees que puedes aprender de Hediondo sobre las ranas mientras estudia para el examen? Escribe tus respuestas abajo.

VOCABULARIO CRÍTICO
anual
recitó
protestó

Conoce al ilustrador:
Peter H. Reynolds

Hediondo y las ranas raras rarísimas

por Megan McDonald

ilustrado por Peter H. Reynolds

* ✶ *

₁ El hermano menor de Eugenia Mal genio, Hediondo, se ha estado topando con ranas en todos lados: en la piscina, en sus botas y ¡hasta en la bañera! Cuando él y sus amigos acuden a un centro de la naturaleza para buscar información sobre las ranas, se enteran del Primer Censo Anual de Ranas del Lago Cuello de Rana. Sin embargo, para poder participar en la aventura nocturna, Hediondo debe estudiar los distintos tipos de rana y los sonidos que hacen… ¡y también aprobar un examen!

* ✶ *

anual   Un acontecimiento anual ocurre una vez al año.

2   ¡Pri-ip! ¡Croac-croac! ¡Escui-inc!

3   Hediondo escuchó a las ranas croar en su computadora. Escuchó los sonidos de las ranas que él mismo había grabado (¡dejando pegada la grabadora toda la noche en la ventana que da al jardín!). Los escuchó el lunes de camino a la escuela y, también, en el carro mientras lo llevaban a su clase de natación.

4   ¡Pri-ip! ¡Croac-croac! ¡Escui-inc! En la clase de natación, imitó algunos de esos sonidos ante sus amigos.

5   —Suenas como un pato —le dijo Webster.

6   —Suenas como un juguete chillón —le dijo Sofía.

7   —Suenas como un banyo desafinado —le dijo Ricardo.

8   —¡Gracias! —les respondió Hediondo—. Como saben, las ranas *pseudacris crucifer* croan como juguetes chillones, mientras que las ranas de bosque croan como graznidos de pato.

9   —¡Y tú graznas! —dijo Webster, y Sofía y Ricardo rieron a carcajadas.

10 —Y ustedes suenan como las ranas leopardo del sur. La rana leopardo croa como la risa de una persona. Es en serio.

11 —Sí, pero ninguna croa como un banyo desafinado —dijo Ricardo.

12 —Ninguna salvo la rana verde del norte. Esa rana croa como la cuerda floja de un banyo, como una liga gruesa al vibrar.

13 —Estás obsesionado con las ranas —dijo Ricardo.

14 —¡Gracias! —dijo Hediondo.

15 —Deberías casarte con una rana, ya que te gustan tanto.

16 —¡Qué graciosos! —dijo Hediondo.

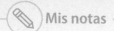

17   A Hediondo le pareció una eternidad la clase de natación. Se le había ocurrido una gran idea para aprender los sonidos de las ranas. Iba a necesitar un peine, un globo, dos piedras, una lata de pintura en aerosol, una liga gruesa, un patito de goma, algunas campanillas y nada más.

18   Hediondo infló el globo y lo frotó con las manos. Golpeó las piedras una con otra. Hizo vibrar la liga.

19   Eugenia asomó la cabeza en el cuarto de Hediondo. Ratón, el gato de la familia, se escabulló tras ella.

20   —Hediondo, estoy tratando de aprenderme las tablas de multiplicar y no puedo escuchar lo que digo —dijo y se detuvo al ver la pila de cosas en el piso del cuarto de Hediondo.

21   —¿Qué? Necesito estas cosas para imitar los sonidos de las ranas. Entra, te mostraré —Hediondo frotó un dedo a lo largo de los dientes del peine—. Suena como una rana cantora.

22   —Y esto suena como la rana grillo norteña —dijo agitando la lata de pintura en aerosol.

23   Ratón corrió a meterse debajo de la cama.

24   —Y esto, ¡AARGH!, suena como mamá cuando vea el desorden que hay en tu cuarto —dijo Eugenia.

25   —¡Qué graciosa! —sonrió Hediondo—. ¡Me haces "croar" de la risa!

26   —¿Puedes cerrar la puerta, al menos para que no tenga que oír el «Rock de las ranas» todo el santo día?

* * *

27 Hediondo bajó por las escaleras apretando el patito de goma chillón. Lanzó una tormenta de ronquidos mientras se preparaba un bocadillo. Agitó la lata de pintura, golpeó las piedras e hizo sonar las campanillas.

28 —Rana de bosque, rana *palustris*, rana grillo —recitó.

29 —Hediondo, no hagas tanto ruido —dijo su papá asomando la cabeza—. Estoy hablando por teléfono.

30 —No se permiten pinturas en aerosol dentro de la casa —dijo su mamá—. Lleva esa lata afuera.

31 —No estoy pintando —dijo Hediondo—. ¿Acaso nadie en esta casa conoce el croar de una rana grillo norteña?

32 Mamá frunció el ceño.

33 —Es una tarea —dijo Hediondo—. Tengo que presentarme a un examen.

34 —Un examen rana —dijo Eugenia mientras entraba en la cocina.

35 —Tengo que aprenderme los sonidos de las ranas —dijo Hediondo—. Es para el Primer Censo Anual de Ranas del Lago Cuello de Rana de este viernes.

36 —¡Claaaro! —dijo mamá.

37 —Es en serio. El examen está en la computadora —dijo Hediondo—. Haces clic en una rana y se oye un sonido. Luego, eliges qué rana croa así.

38 —¿Un examen de opción múltiple? —dijo Eugenia—. Eso es pan comido —se burló.

39 —Yo tengo un examen de opción múltiple para ti —dijo mamá—. Puedes subir a tu cuarto y: a) terminar tu tarea, b) terminar tu tarea, c) terminar tu tarea o d) todas las anteriores.

> **recitó**   Si una persona recitó algo, dijo en voz alta lo que se aprendió.

40   —Pero... —protestó Hediondo.

41   —Tú eliges —dijo mamá.

42   Hediondo subió con trabajo las escaleras, seguido de cerca por Eugenia.

43   —Y no se te olvide hacer también tu tarea de NINGUNA rana —gritó mamá.

44   En el cuarto de Hediondo, Ratón se acurrucó sobre su mochila.

45   —¿Cómo voy a aprenderme todos estos sonidos de rana para el martes? —le preguntó Hediondo a Eugenia y le mostró su cuaderno—. No se puede participar en el censo de ranas si no se aprueba el examen.

46   —Te voy a ayudar —dijo Eugenia—, pero hagámoslo jugando. En lugar de "Piedra, papel o tijeras", le llamaremos... "Piedra, globo y juguete chillón".

47   —¿Y cómo jugamos?

48   —Cierra los ojos. Voy a hacer un sonido y tú tienes que adivinar qué rana es. Pero tenemos que hacerlo en voz baja porque a mamá no le gustará que hagamos primero la tarea rana.

49   —Muy bien, empecemos —dijo Hediondo cerrando los ojos. Eugenia frotó el globo, hizo vibrar la liga gruesa y golpeó una piedra contra la otra.

protestó   Si alguien protestó, dijo por qué no estaba de acuerdo con una afirmación o con una idea.

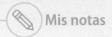

50   —¡Miau! —Ratón dio un zarpazo sobre las piedras.

51   —Rana cantora, rana de bosque, rana grillo —Hediondo intentó adivinar.

52   —Lo siento —dijo Eugenia mientras revisaba el cuaderno de Hediondo—. Rana leopardo, rana verde, rana grillo.

53   Hediondo agachó la cabeza.

54   —Oye, adivinaste una: rana grillo. Ánimo, Hediondo, solo mantente supertranquilo y escucha con mucha atención. Muy bien, ¿ya estás listo?

55   —¡Listo, Calixto! —dijo Hediondo.

56   Eugenia frotó, golpeteó, apretó e hizo vibrar la liga.

57   —Globo, piedras, juguete chillón, liga —dijo Hediondo—. O sea, rana leopardo, rana grillo, rana *pseudacris crucifer*, rana verde.

58   —¡Bingo! —dijo Eugenia. Y se rio a carcajadas y entre dientes y chifló, revisó el cuaderno, roncó, apretó, tintineó y croó hasta que Hediondo supo distinguir a la rana *palustris* de la rana *pseudacris crucifer* y a la rana cantora de la rana grillo.

59   —¡Vientos! —dijo Eugenia haciendo "shh" con un dedo sobre los labios—. Apuesto que pueden oírnos hasta el final de la calle Anfibio.

60   —¿Crees que le pusieron Anfibio a nuestra calle por todas las ranas que hay?

61   —Por las ranas ranas, Hediondo, no por los chicos rana.

62   —Croac-croac —croó Hediondo.

63   —Ahora, cierra los ojos. Apuesto a que te puedo dejar mudo. ¿Estás listo? —dijo Eugenia y luego hizo "riiiiriiii".

64   —Rana toro. No. Rana de bosque. No. Rana toro —Hediondo abrió los ojos.

65   —Rana cremallera —dijo Eugenia—. Fui yo abriendo y cerrando la cremallera de tu mochila.

66   —No es justo —dijo Hediondo—. No existe ninguna rana cremallera.

67   —¡Miau! —Ratón se abalanzó sobre las campanillas.

68   —¡Rana campanilla! —dijeron Hediondo y Eugenia al unísono. Y se rieron a carcajadas.

69   —Tenemos que terminar nuestra tarea de NINGUNA rana, Hediondo. Además, ya eres como el rey de las ranas. No, más bien eres como el presidente de las ranas. Ahora te falta practicar con ranas de verdad.

70   —¡Escui-inc! —dijo Hediondo.

71   El martes, Hediondo Mal genio, el genio de las ranas, aprobó su examen brillantemente. El examen rana, claro está.

72   Hediondo estaba loco por que llegara el viernes rana.

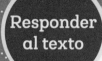

Conversación colaborativa

Vuelve a leer lo que escribiste en la página 60. Comenta tus respuestas con un compañero. Luego trabaja en grupo y comenta las preguntas de abajo. Busca detalles y ejemplos en *Hediondo y las ranas raras rarísimas*. Toma notas para responder las preguntas y úsalas cuando hables. Agrega detalles nuevos a lo que dicen los demás en vez de repetir sus respuestas.

1 Vuelve a leer las páginas 62 y 63. ¿Cómo describirías el interés que tiene Hediondo por las ranas? ¿Por qué?

2 Vuelve a leer las páginas 64 a 67. ¿Cuáles son algunos de los efectos de sonido que crea Hediondo con diferentes objetos comunes? ¿Qué te dice esto de Hediondo?

3 Vuelve a leer la página 68. ¿Qué te dice sobre la personalidad de Eugenia la manera en que ella ayuda a Hediondo a estudiar?

Sugerencia para escuchar

Escucha atentamente a los demás. Piensa en cómo puedes relacionar tus ideas con las de ellos.

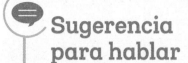

Sugerencia para hablar

Asegúrate de que todos tus comentarios están relacionados con el tema de discusión.

Escribir un recuento

TEMA PARA DESARROLLAR

En *Hediondo y las ranas raras rarísimas*, Eugenia Mal genio ayuda a su hermano a estudiar para un examen sobre las ranas por medio de un juego. Hediondo aprueba el examen gracias a su hermana.

Imagina cómo el cuento *Hediondo y las ranas raras rarísimas* sería diferente si Eugenia Mal genio no ayuda a Hediondo a estudiar para el examen. Escribe un recuento sobre cómo Hediondo podría prepararse para su examen. Trata de imaginártelo. ¿Qué estrategias podría usar Hediondo para aprender sobre las ranas? ¿Crees que Hediondo aprobaría el examen? Usa lo que sabes de Hediondo para escribir tu recuento.

PLANIFICAR

Toma notas sobre el personaje de Hediondo y haz una lista de ideas sobre cómo piensas que podría estudiar sin la ayuda de Eugenia.

....

Ahora escribe tu recuento con consejos para estudiar.

Asegúrate de que tu recuento

☐ establece el ambiente.

☐ utiliza información del texto para recontar el cuento.

☐ presenta los acontecimientos en un orden lógico.

☐ usa diálogo y descripciones para contar el cuento.

☐ provee una conclusión.

Observa y anota
¡Eureka!

Prepárate para leer

ESTUDIO DEL GÉNERO Los **textos de fantasía** son cuentos imaginarios con personajes y acontecimientos que no son reales. Algunos textos de fantasía incluyen elementos de aventuras o misterios.

- Los autores de los textos de fantasía cuentan el cuento a través de la trama, incluyendo un conflicto y su solución.
- Los textos de fantasía incluyen ilustraciones que muestran el personaje y el ambiente, y pueden dar detalles sobre la trama.
- Los textos de fantasía incluyen animales que actúan como personas.
- Algunos textos de fantasía incluyen un mensaje o lección.

ESTABLECER UN PROPÓSITO **Piensa en** el título y el género de este texto. ¿Por qué crees que el título es *La ardilla temerosa*? ¿Qué pistas te da el título? Escribe tus ideas abajo.

VOCABULARIO CRÍTICO

aventurarse

predecible

emergencia

consultar

distraer

drástico

Conoce a la autora e ilustradora:
Mélanie Watt

Mélanie Watt

La ardilla temerosa

La ardilla temerosa nunca abandona su nogal.

2 **Prefiere quedarse en su árbol seguro y conocido que aventurarse en lo desconocido. Lo desconocido puede asustar a una ardilla.**

lo desconocido

aventurarse   Al aventurarse en un lugar, una persona va a un sitio desconocido que puede ser peligroso.

3 **Algunas cosas a las que la ardilla temerosa tiene miedo:**

tarántulas

hiedra venenosa

marcianos verdes

abejas asesinas

gérmenes

tiburones

4 **Por eso ella está muy contenta de poder quedarse donde está.**

5 **Ventajas de no abandonar nunca el nogal:**

- excelente vista

- muchas nueces

- lugar seguro

- no hay 🕷 🦋 👾 🐝 ⠿ 〰

Lunes   Martes   Miércoles

6 **En el nogal de la ardilla temerosa, todos los días son iguales.**

7 **Desventajas de no abandonar nunca el nogal:**

- **la misma vista de siempre**

- **las mismas nueces de siempre**

- **el mismo lugar de siempre**

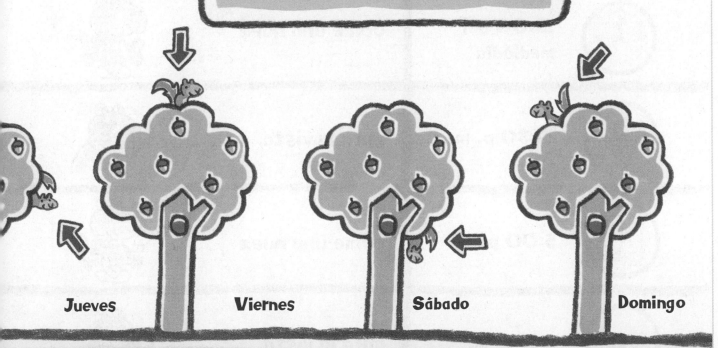

Jueves **Viernes** **Sábado** **Domingo**

8 **Todo es predecible. Todo está bajo control.**

predecible Algo predecible sucede como uno lo espera, sin sorpresas.

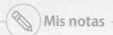

Rutina diaria de la ardilla temerosa:

	6:45 a. m.	se despierta 
	7:00 a. m.	come una nuez
	7:15 a. m.	mira la vista
	12:00 del mediodía	come una nuez
	12:30 p. m.	mira la vista
	5:00 p. m.	come una nuez
	5:31 p. m.	mira la vista
	8:00 p. m.	se va a dormir

10 **PERO** imaginemos, por poner un ejemplo, que ocurriera algo inesperado...

11 Pueden estar seguros de que la ardilla está MUY preparada.

12 Algunas cosas del equipo de emergencia de la ardilla temerosa:

paracaídas

repelente de insectos

máscara y guantes de goma

casco

jabón antibacteriano

loción de calamina

red

curita

sardinas

13 Qué hacer en caso de emergencia según la ardilla temerosa:

Dramatización

14 **Paso 1: Entrar en pánico**

Paso 2: Correr

Paso 3: Buscar el equipo

Paso 4: Ponerse el equipo

Paso 5: Consultar el plan de salida

Paso 6: Salir del árbol (si no existe absolutamente, definitivamente, verdaderamente ninguna otra opción)

---

emergencia   Una emergencia es una situación inesperada que requiere ayuda o una acción rápida para mejorarla.

consultar   Al consultar algo, buscas información en un libro o le preguntas a alguna persona capacitada.

Plan de Salida "SECRETO"

15 Salida 1
Nota para mí:
Mirar si hay marcianos verdes y abejas asesinas en el cielo.

16 Salida 2
Nota para mí:
No caer sobre el río. Si es inevitable, usar las sardinas para distraer a los tiburones.

Estoy aquí.

17 Salida 3
Nota para mí:
Mirar si hay hiedra venenosa y tarántulas deambulando por la tierra.

18 Salida 4
Nota para mí:
Tener en cuenta que los gérmenes están por todas partes.

19 Recuerda: Si todo lo demás falla, hacerse el muerto siempre es una buena opción.

distraer   Para distraer a alguien, se aparta su atención de algo.

20 **Con este equipo de emergencia a mano, la ardilla temerosa vigila. Vigila día tras día, hasta que un día...**

²¹ **Jueves
9:37 a. m.**

¡Aparece una abeja asesina!

22

23 La ardilla temerosa entra en pánico y, al saltar, golpea el equipo de emergencia y lo arroja del árbol.

24 **Esto NO** era parte del plan.

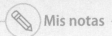

25 **La ardilla temerosa salta para agarrar el equipo. Enseguida se da cuenta de que no fue una buena idea. El paracaídas está con el equipo.**

26 **De repente, pasa algo increíble...**

27 **Comienza a planear.**

28 **La ardilla temerosa no es una ardilla común.**

29 **¡Es una ardilla VOLADORA!**

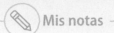
30 **La ardilla temerosa se olvida de la abeja asesina y, por supuesto, de las tarántulas, la hiedra venenosa, los marcianos verdes, los gérmenes y los tiburones.**

31 **¡Se siente feliz!**

¡Aventurera!

¡Despreocupada!

¡Viva!

32 **Hasta que cae sobre un arbusto...**

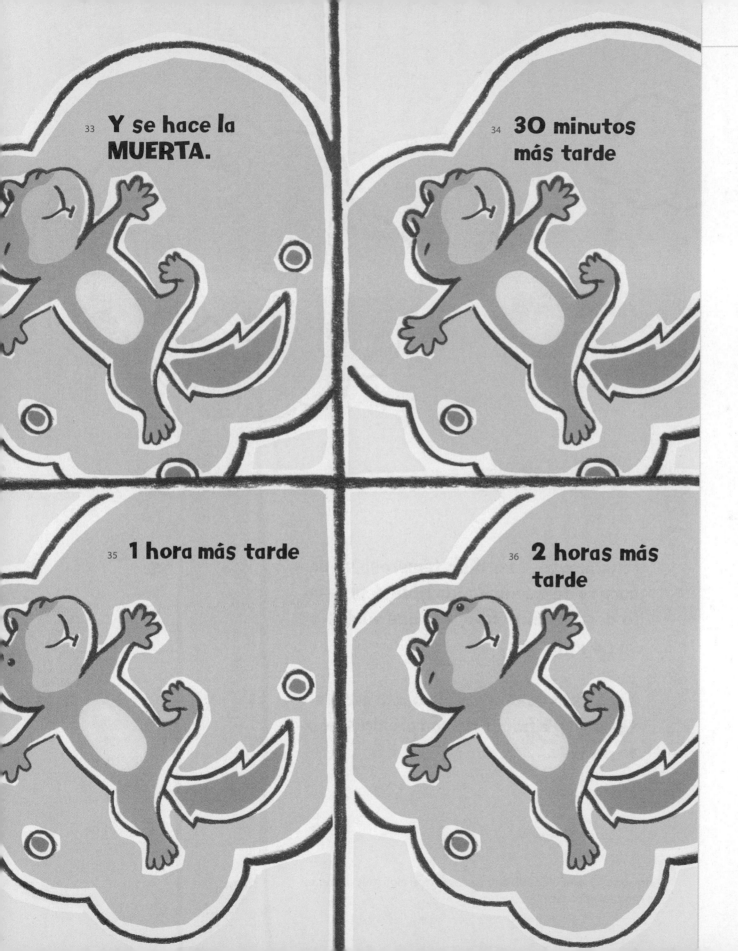

37 **Finalmente, la ardilla temerosa se da cuenta de que nada horrible ocurre en lo desconocido hoy, así que vuelve a su nogal.**

38 **Toda esta emoción animó a la ardilla temerosa a hacer un cambio drástico en su vida...**

drástico Hacer un cambio drástico es hacer algo muy diferente a lo que siempre se hizo.

39 **Rutina diaria nueva y mejorada de la ardilla temerosa:**

🕐	6:45 a. m.	se despierta
🕐	7:00 a. m.	come una nuez
🕐	7:15 a. m.	mira la vista
🕐	9:37 a. m.	salta hacia lo desconocido
🕐	9:45 a. m.	se hace la muerta
🕐	11:45 a. m.	vuelve a casa
🕐	12:00 del mediodía	come una nuez
🕐	12:30 p. m.	mira la vista
🕐	5:00 p. m.	come una nuez
🕐	5:31 p. m.	mira la vista
🕐	8:00 p. m.	se va a dormir

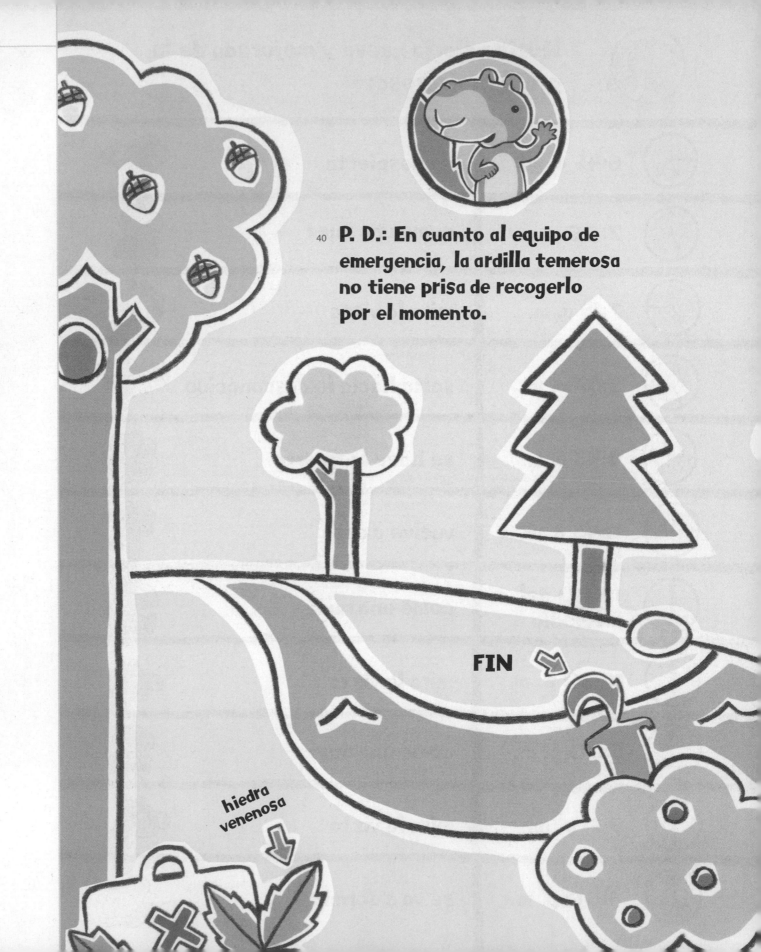

40 **P. D.: En cuanto al equipo de emergencia, la ardilla temerosa no tiene prisa de recogerlo por el momento.**

FIN

hiedra venenosa

Conversación colaborativa

Vuelve a leer lo que escribiste en la página 76. Comenta tus ideas con un compañero. Luego trabaja en grupo y comenta las preguntas de abajo. Busca detalles y ejemplos en *La ardilla temerosa*. Toma notas para responder las preguntas y úsalas cuando hables. Recuerda prestar atención a los demás integrantes de tu grupo cuando converses.

1 Repasa la página 80. ¿Cuáles de las cosas a las que le tiene miedo la ardilla temerosa podrían hacerle daño en realidad? ¿Cuál de ellas parece tonta o sorprendente?

2 Repasa las páginas 86 a 88. ¿Qué aprendes de la ardilla temerosa, de su equipo de emergencia y su plan de salida?

3 ¿Cómo ha cambiado la ardilla temerosa al final del cuento?

Sugerencia para escuchar

Escucha atentamente. Muestra interés volteándote hacia cada hablante o mirándolo.

Sugerencia para hablar

Mientras hablas, observa la expresión del rostro de los demás integrantes del grupo. Si alguien parece confuso, invita a esa persona a hacerte una pregunta.

Escribir una biografía

TEMA PARA DESARROLLAR

En *La ardilla temerosa*, leíste sobre un personaje cuyo nombre describe una parte de su personalidad. Al final del cuento, la ardilla temerosa aprende que lo desconocido no es tan horrible después de todo.

Escribe una biografía de la ardilla temerosa. Resume la personalidad, los hábitos y las creencias de la ardilla con detalles y ejemplos del cuento. Trata de usar algunas palabras del Vocabulario crítico en tu escritura.

PLANIFICAR

Usa una tabla de tres columnas para enumerar los detalles clave del texto sobre la personalidad, los hábitos y las creencias de la ardilla temerosa. Recuerda que las biografías se escriben desde el punto de vista de la tercera persona.

ESCRIBIR ···

Ahora escribe tu biografía de la ardilla temerosa, resumiendo su personalidad, sus hábitos y sus creencias.

Asegúrate de que tu biografía
☐ presenta a la ardilla temerosa.
☐ está escrita desde el punto de vista de la tercera persona.
☐ tiene detalles sobre la personalidad, los hábitos y las creencias de la ardilla temerosa.
☐ incluye detalles y acontecimientos del cuento.

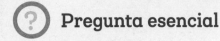 **Pregunta esencial**

¿Por qué son interesantes los personajes de los cuentos?

Escribir un relato personal

TEMA PARA DESARROLLAR Piensa en los personajes sobre los que leíste en este módulo. ¿Qué hace a cada uno de ellos un personaje para recordar?

Imagina que tu clase está creando un libro llamado *Personajes para recordar*. Escribe un relato personal sobre una vez que un personaje de un cuento te dio una idea para resolver un problema. Usa evidencias y ejemplos del texto como apoyo.

Voy a escribir sobre aquella vez que _____.

✓ Asegúrate de que tu relato personal
☐ presenta al personaje.
☐ expone el problema.
☐ usa evidencias y ejemplos del texto como apoyo.
☐ dice lo que pensabas y sentías.
☐ explica lo que ocurrió en un orden claro.
☐ tiene un final que demuestra cómo se solucionó el problema.

Piensa en tu problema. ¿Qué personaje del cuento provocó la idea que te ayudó y por qué? Vuelve a leer tus notas y repasa los textos si lo necesitas.

Usa el mapa del cuento de abajo para planificar tu relato. Identifica tu problema. Haz una lista de lo que sucedió en un orden lógico. Escribe algunas notas sobre el personaje y cómo te ayudó. Usa las palabras del Vocabulario crítico siempre que sea posible.

Mi tema: _____

Ambiente	Personajes
Problema	
Acontecimientos	
Solución	

HACER UN BORRADOR ··· Escribe tu relato.

Usa la información que escribiste en el organizador gráfico de la página 103 para hacer un borrador de tu relato personal.

Escribe un **principio** que hable sobre tu problema y atraiga la atención de los lectores.

Escribe un **párrafo intermedio** que cuente lo que ocurrió y cómo sirvió de guía el personaje. Usa palabras y frases que muestren el orden de los acontecimientos.

Escribe un **final** que exprese cómo solucionaste el problema.

Los pasos de revisión y edición te dan la oportunidad de observar detenidamente tu escritura y hacer cambios. Trabaja con un compañero y determina si has explicado tus ideas con claridad a los lectores. Usa estas preguntas como ayuda para evaluar y mejorar tu relato personal.

PROPÓSITO/ ENFOQUE	ORGANIZACIÓN	EVIDENCIA	LENGUAJE/ VOCABULARIO	CONVENCIONES
☐ ¿Habla mi relato sobre algún personaje de un cuento que me ayudó? ☐ ¿Expliqué el problema que me ayudó a solucionar el personaje?	☐ ¿Cuento lo que sucedió en un orden claro? ☐ ¿Muestro la solución en el final?	☐ ¿Incluí ejemplos y otras evidencias del texto sobre el personaje?	☐ ¿Usé palabras que indican el orden de los acontecimientos? ☐ ¿Usé palabras descriptivas para hablar sobre los pensamientos y los sentimientos?	☐ ¿He escrito todas las palabras correctamente? ☐ ¿Usé la puntuación correcta? ☐ ¿Usé varias clases de oraciones?

Crear la versión final Elabora la versión final de tu relato personal. Puedes incluir una fotografía o un dibujo. Considera estas opciones para compartir tu relato.

1 Junta tu relato con el de tus compañeros para crear una colección de *Personajes para recordar*.

2 Trabaja con tus compañeros y compartan sus relatos con los de otra clase. Lean en voz alta los relatos y respondan a las preguntas de la audiencia.

3 Graba tu relato en video o audio. Practica hasta que puedas leerlo claramente y sin errores. Comparte tu grabación para que los demás puedan escucharla.

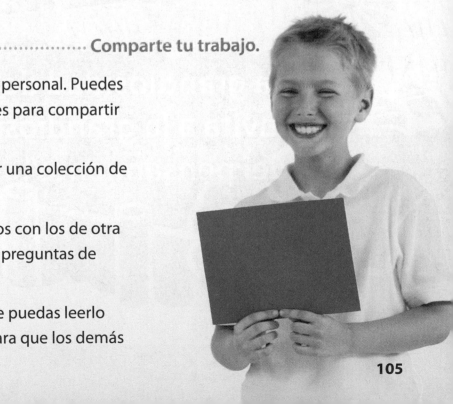

Usa tus palabras

"La grandiosidad del lenguaje invita a la grandiosidad del pensamiento".

— José Martí

¿Cómo utilizan las personas las palabras para expresarse?

Video de
Mentes curiosas

Palabras acerca de cómo usar las palabras

Las palabras de la tabla de abajo te ayudarán a hablar y escribir sobre las selecciones de este módulo. ¿Cuáles de las palabras ya has visto antes? ¿Cuáles son nuevas para ti?

Completa la Red de vocabulario de la página 109. Escribe sinónimos, antónimos y palabras y frases relacionadas para cada palabra.

Después de leer cada selección del módulo, vuelve a la Red de vocabulario y añade más palabras. Si es necesario, dibuja más recuadros.

PALABRA	SIGNIFICADO	ORACIÓN DE CONTEXTO
expresar (verbo)	Cuando te expresas, muestras lo que sientes y piensas.	Sus sonrisas expresan que están disfrutando la fiesta.
transmitir (verbo)	Cuando transmites información o sentimientos, comunicas una idea o se la das a entender a otra persona.	El maestro transmite lo que espera de los estudiantes.
crónica (sustantivo)	Una crónica es un cuento o relato de una serie de acontecimientos.	Leímos una crónica sobre cómo Sacagawea ayudó a Lewis y Clark a viajar hacia el oeste.
creativo (adjetivo)	Una persona creativa puede imaginar ideas e inventar cosas nuevas.	Los artistas son personas muy creativas.

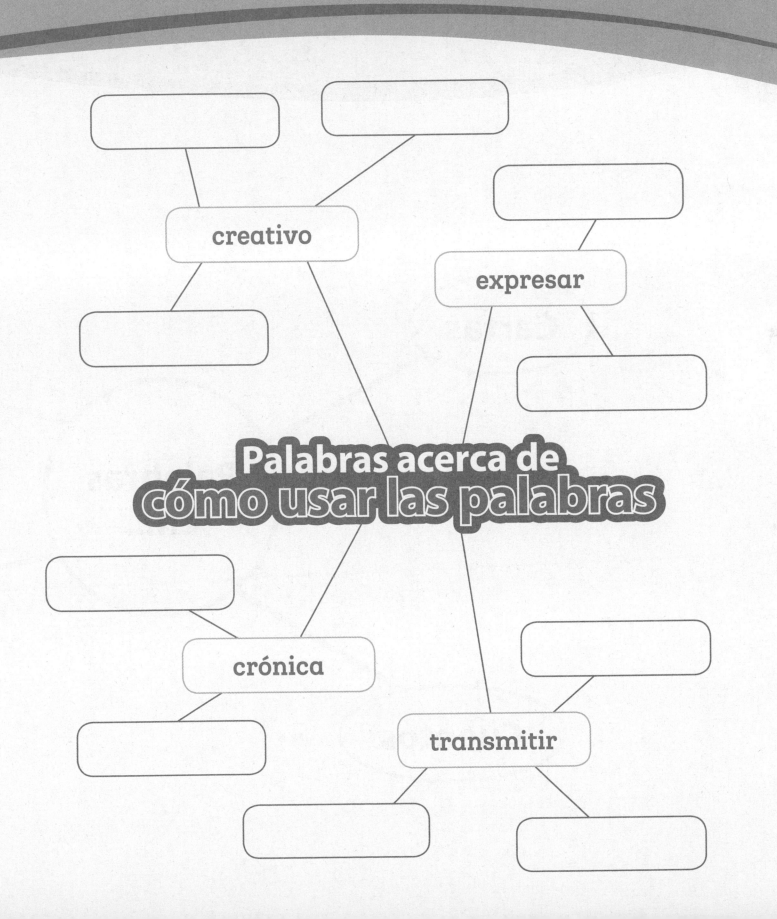

creativo

expresar

Palabras acerca de
cómo usar las palabras

crónica

transmitir

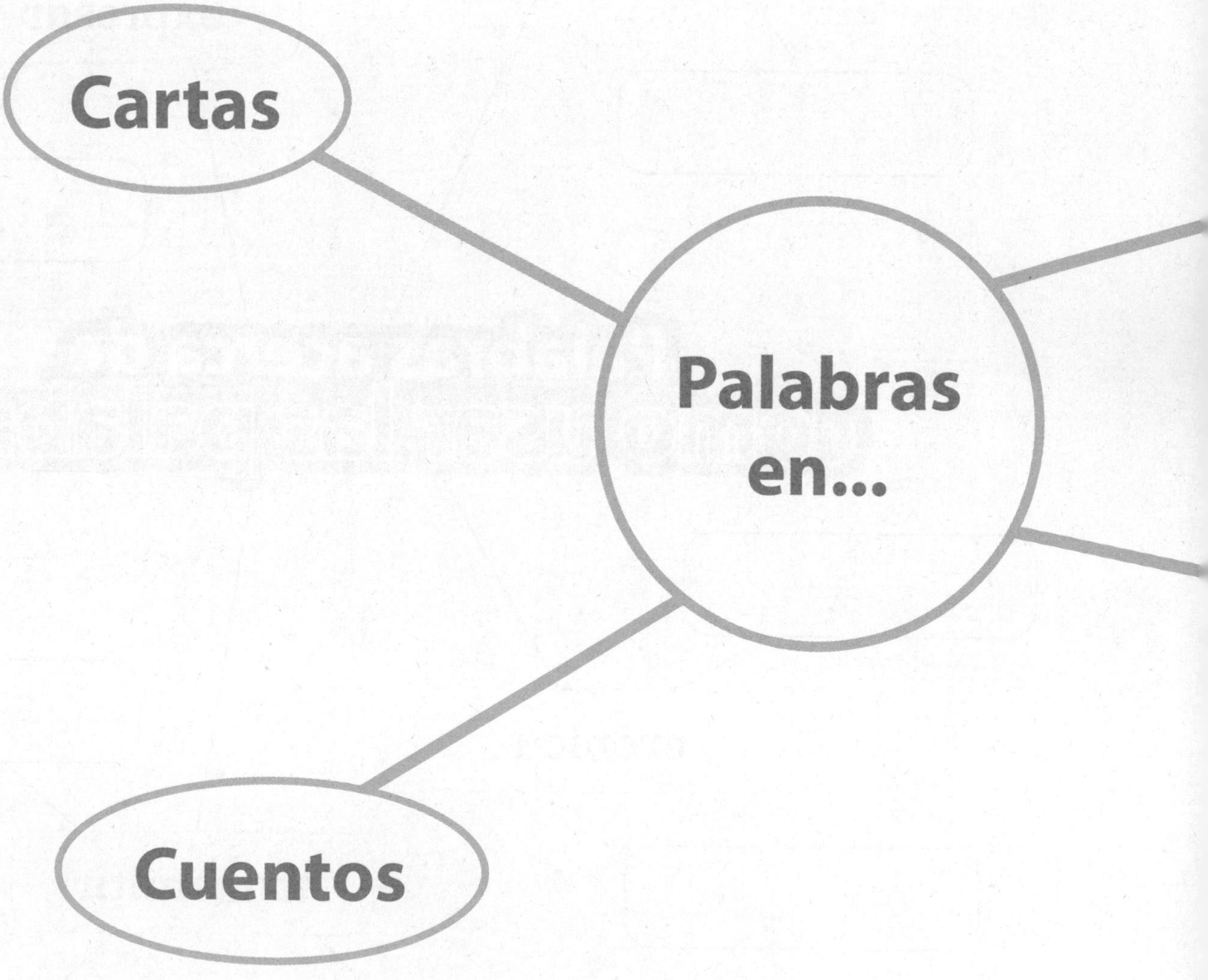

Cartas

Palabras
en...

Cuentos

**Mensajes
de texto**

Poemas

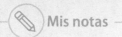
Lectura breve

Un cuento JA, JA, JA

Clara

Martin

1 Oye, Martin, ¿q haces?

2 ¡Hola, Clara! Nada. ¿Q pasa?

3 Estoy leyendo la tarea d mañana.

4 Yo = pero hay algo que no entiendo. ¿Quién es Zaron?

5 ¡Es la mascota de Abetha, tonto! Al principio del cuento dice que es un dragón y que es su mascota. Hay que leer la selección y escribir una idea para otro cuento con una mascota inusual.

6 Cierto. Hablando de mascotas, mira esta foto de mi gato Raymond.

7 JA, JA, JA 😍

8 ¡Qué bonito!! ¿Cómo lo llevaste al espacio?? 🚀

9 Es una aplicación que descargó mi mamá. ¡La puedo usar para convertir a cualquier mascota (o persona) en un astronauta, un vaquero o un futbolista!!!

10 ¡Q DIVER!!! Volviendo a la tarea... No se me ocurre ninguna aventura graciosa. No me siento nada creativa.

11 ¡Y x eso le mandaste un msj a tu mejor amigo para que te ayudara!

12 No, ¡te lo mandé a TI!

13 Brma JA, JA, JA

14 Bueno, el libro es un texto de fantasía, pero yo prefiero los cuentos realistas. Me gusta cuando los escritores pueden transmitir ideas por medio de tramas y personajes reales. ¡Nadie tiene un dragón de mascota de VD!

15 ¡Tienen gatos con traje de astronauta! Ya regreso. Me llama mi mamá.

16 OK

17 Ya. Raymond se subió al armario de la cocina y tuve que bajarlo ofreciéndole una golosina de hígado. ¡Hígado! ¡Puaj!! 😖

18 JA, JA, JA ¡Ese emoticono expresa a la perfección lo que piensas de las golosinas de hígado! ¿Y cómo se subió allá arriba??

19 Creo que tiene alas secretas xq siempre llega a los lugares + altos de la casa.

20 JA, JA, JA ¡Es un gato volador! 😺 🚀

21 ¡OYE!!!!!!!!!!

22 ¡Un momento!!!!!

23 ¡NO PUEDE SER!

24 ¡SÍ PUEDE SER! Es una idea para el cuento: LAS AVENTURAS DEL GATITO ESPACIAL

25 ¡MIAURAVILLOSO!! ¡Podría ser una crónica de una gata que salta tan alto que se lanza al espacio!

26 ¡Sí!!

27 Y aterriza en Planeta Ratón en busca de aventuras.

28 ¡JA, JA, JA! 👍 🌙

29 Martin, ¡¡¡TQM!!! ¡¡¡TKI!!! ¡¡¡A2!!! ¡¡¡THANX!!! 😎 😊

30 ¡¡Spra!! ¡¡¿¿Y la idea para MI cuento??!! 😳

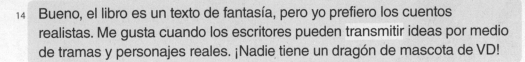

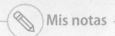

Observa
y anota
¡Eureka!

Prepárate para leer

ESTUDIO DEL GÉNERO La **ficción realista** cuenta un cuento sobre personajes y acontecimientos que se parecen a los de la vida real. Las **cartas** son mensajes escritos que una persona envía a otra.

- La ficción realista está ambientada en un tiempo y lugar que pueden ser reales y que son importantes para la historia.

- La ficción realista incluye personajes que actúan como personas reales.

- La ficción realista incluye ilustraciones que muestran a los personajes y el ambiente.

- Los textos de ficción realista pueden contarse desde el punto de vista de uno o varios personajes con pronombres y adjetivos posesivos, como *yo, mí, me, mío* y *nosotros*.

- Las cartas suelen comenzar con un saludo amistoso y terminar con una despedida amistosa.

ESTABLECER UN PROPÓSITO **Piensa en** el título y los géneros de este texto. ¿Qué te dice el título sobre el texto? ¿Sobre qué crees que trata el cuento? Escribe tus ideas abajo.

**Desarrollar el contexto:
Emigración**

VOCABULARIO CRÍTICO

videojuegos

hidrante

manzana

disfraces

desfilan

Querido primo

Una carta para mi primo

por Duncan Tonatiuh

¡Qué alegría! Acabo de recibir una carta de mi primo, Carlitos. Yo vivo en los Estados Unidos, pero él vive en México, de donde viene mi familia. ¡Quizás algún día nos conozcamos!

maíz

burro

gallo

pollos

2 **Querido primo Charlie:**

3   ¿Cómo estás? ¿Te preguntas igual que yo
cómo es la vida de quienes viven lejos de ti? Yo
vivo en una granja rodeada de montañas y
árboles. Mi familia cultiva muchas cosas,
como, por ejemplo, maíz.

4   Tenemos un burro, pollos y un gallo. Todas las
mañanas, el gallo canta: quiquiriquí, quiquiriquí.

5 **Querido primo Carlitos:**

6   Yo vivo en la ciudad. Desde mi ventana puedo ver un puente y coches que pasan zumbando. También veo muchos rascacielos.

7   Los rascacielos son edificios tan altos que tocan las nubes. Por la noche, las luces de la ciudad parecen estrellas en el cielo.

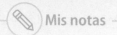
8 Por la mañana, voy en bicicleta a la escuela.

9 Paso junto a unos perros y un nopal.

nopal

perros

Yo voy a la escuela en metro.

10 El metro es como una

serpiente de metal larga

y viaja a través de túneles

que hay debajo de

la tierra.

11 En el recreo, juego al fútbol. Mi amigo me pasa el balón. Yo lo pateo y, si marco, grito: ¡Gol!

12   Yo juego al baloncesto. Mi amigo regatea y me pasa el balón. Yo salto y lanzo y...

¡Canasta!

Mis notas

123

13 Cuando vuelvo de la escuela, ayudo a mi mamá a cocinar. Mi comida favorita son las quesadillas. Las preparo con queso y tortillas.

quesadillas

tortillas

14   En los Estados Unidos tenemos muchos tipos de alimentos diferentes. Mi comida favorita es la *pizza*. Me gusta comerme un pedazo por el camino, cuando regreso de la escuela a casa.

15   Cuando termino las tareas, mi mamá me deja salir a jugar. En México, tenemos muchos juegos, como trompos y canicas.

trompo

canicas

16 Mi juego favorito es empinar papalotes.
Mis amigos y yo corremos y corremos, y
con un poco de viento, logramos que el
papalote vuele muy alto.

papalote

17 Cuando termino mis tareas, juego con mis amigos del edificio. Jugamos frente a los primeros peldaños de las escaleras...

18 ... y también en nuestros departamentos. Me gusta ir a la casa de mi amigo a jugar **videojuegos**.

videojuegos La palabra *videojuegos* es una palabra compuesta por dos palabras: *video* y *juegos*. La palabra *video* describe una grabación de movimientos y acciones que se pueden ver en la pantalla de un televisor o una computadora.

río

19   Por la tarde, muchas veces hace calor. Para refrescarme, salto al agua en un río pequeño que queda cerca.

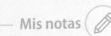

20   En la ciudad, también hace calor en el verano. Me gusta mojarme con el agua del **hidrante**. Los bomberos lo abren y cierran las calles de la **manzana** para que no pase el tráfico.

hidrante   Un hidrante es una tubería de agua que hay en las calles y que los bomberos usan para apagar los fuegos.

manzana   Una manzana es una sección de una comunidad que tiene calles por todos sus lados.

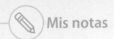

21 El fin de semana voy con mis padres al mercado, un mercado al aire libre que hay en un pueblo cercano. Vendemos maíz y tuna, una fruta con espinas que cultivamos aquí en México. También compramos alimentos y otras cosas que necesitamos.

maíz

tunas

El fin de semana voy con mi mamá al supermercado. Ella trae una lista (leche, pasta dental, jabón...) y yo voy marcando las cosas cuando las colocamos en el carrito.

23 A veces, en el pueblo hacen
fiestas que duran dos o tres días.
Por las noches, hay cohetes que
iluminan el cielo y mariachis que
tocan y tocan.

cohetes

mariachis

24 En mi ciudad, a veces hay desfiles. Algunas personas se ponen **disfraces** y otras, uniformes, y **desfilan** por las calles. Todos nos reunimos para verlos pasar.

disfraces Los disfraces son ropas especiales que pueden vestir las personas para fingir que son de otra época o lugar.

desfilan Cuando las personas desfilan, caminan al mismo paso, normalmente en grupo.

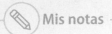
25 ¡Ojalá pudieras ver los charros de México! Hacen demostraciones fascinantes con sus caballos y reatas.

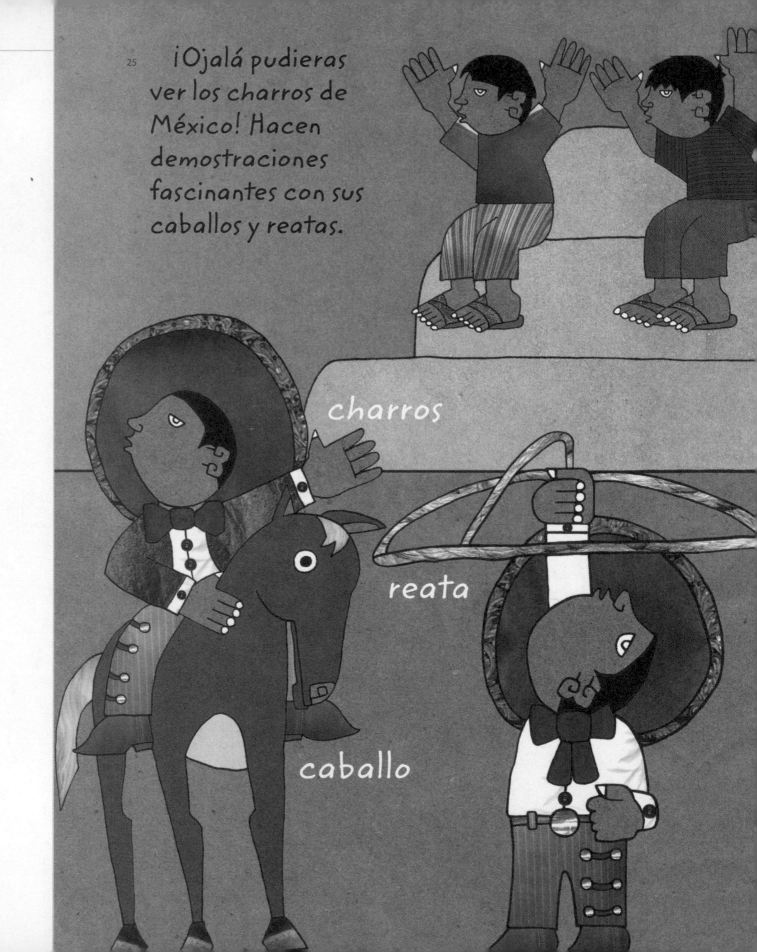

charros

reata

caballo

26 Aquí, en las calles puedes ver bailarines de *break dance* que dan volteretas y giran sobre la cabeza.

27 En México, tenemos muchísimas tradiciones, como el Día de los Muertos.

28   Mi tradición preferida es asistir a las fiestas de diciembre que se llaman Posadas. Al final de cada Posada, hay una piñata llena de frutas y dulces. Cuando alguien la rompe, todos nos lanzamos a recoger lo que cae de ella.

piñata

29   En los Estados Unidos, también tenemos tradiciones, como el Día de Acción de Gracias, que es cuando comemos pavo...

30   ... y *Halloween*. Ese día nos disfrazamos y vamos de casa en casa pidiendo dulces, diciendo: *trick or treat*. Pero ahora no puedo seguir escribiendo. Mi mamá me dice que me lave los dientes y me vaya a la cama.

143

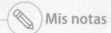

Conversación colaborativa

Vuelve a leer lo que escribiste en la página 114. Explica a un compañero por qué tus ideas eran correctas o incorrectas. Luego trabaja en grupo y comenta las preguntas de abajo. Busca detalles y ejemplos en *Querido primo* para apoyar tus respuestas. Toma notas para responder las preguntas y úsalas cuando hables. Sigue las normas para mantener una conversación respetuosa, escuchando atentamente y turnándote para hablar.

1 Repasa las páginas 120 y 121. ¿Por qué explica Charlie lo que es el metro en su carta?

2 Vuelve a leer las páginas 124 a 127. ¿Qué suele hacer Carlitos después de la escuela?

3 ¿En qué se parece la vida de los dos primos? ¿En qué se diferencia? Da ejemplos para apoyar tu respuesta.

Sugerencia para escuchar

Escucha atentamente lo que dice cada integrante de tu grupo. Mira hacia la persona que está hablando.

Sugerencia para hablar

No empieces a hablar hasta que la persona anterior haya terminado. Asegúrate de que todos los integrantes de tu grupo tengan la oportunidad de compartir sus ideas.

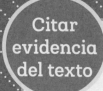

Escribir una carta amistosa

TEMA PARA DESARROLLAR

En *Querido primo*, dos primos se escriben cartas entre sí y comparten historias sobre sus vidas. Carlitos vive en México y su primo Charlie vive en los Estados Unidos.

Imagina que participas en un programa de amigos por carta. Escribe una carta a Carlitos o a Charlie. Compara tu vida con la de él, contándole en qué se parece y en qué se diferencia la vida de ambos. Trata de usar algunas palabras del Vocabulario crítico en tu escritura.

PLANIFICAR

Usa una tabla de dos columnas para comparar y contrastar tu vida y la de uno de los personajes del texto. Usa una columna para anotar las semejanzas y otra para anotar las diferencias. Asegúrate de tener en cuenta en qué se parecen y en qué se diferencian los ambientes donde viven.

ESCRIBIR

Querido primo
Una carta para mi primo
por Duncan Tonatiuh

Ahora escribe tu carta amistosa a Carlitos o a Charlie comparando tu vida y la suya.

Asegúrate de que tu carta amistosa

- ☐ comienza con tu presentación.
- ☐ reúne información relacionada con la información del cuento, como pasatiempos, alimentos y ambientes.
- ☐ incluye ejemplos y detalles del texto.
- ☐ termina con una oración de cierre.

Prepárate para leer

ESTUDIO DEL GÉNERO La **poesía** usa los sonidos y el ritmo de las palabras para representar imágenes y expresar sentimientos.

- Los poemas suelen escribirse en párrafos llamados estrofas.
- Los poemas incluyen efectos de sonido, como la rima, el ritmo y la métrica.
- Los poemas utilizan los sonidos de las palabras, como la aliteración, la onomatopeya y la repetición, para enfatizar determinadas palabras o ideas.
- El poeta reflexiona sobre un tema en particular en el poema.

ESTABLECER UN PROPÓSITO **Piensa en** el género de este texto y mira las ilustraciones. ¿Serán diferentes los poemas de los demás textos que has leído hasta ahora? ¿Por qué? Escribe tus ideas abajo.

Conoce a los poetas:
F. Isabel Campoy, Liliana Cinetto
y Miguel de Cervantes Saavedra

VOCABULARIO CRÍTICO

pena

gracia

Aventuras con las palabras

Abre la mano

por F. Isabel Campoy

1   Abre tu mano y mira
     cómo se distingue un dedo
     de otro dedo.
     Toma un pincel y pinta
5   tu nombre letra a letra
     y todo entero.
     Es igual en este mundo:
     cada uno es parte distinta
     de un todo bello y eterno.

¿De qué color es la música?

por F. Isabel Campoy

1   Abuela, ¿de qué color es la música?
    ¿Cómo la puedo pintar?
    ¿Es verdad que la del violín es rosada
    y la del tambor tan roja
5   como mi amor por mamá?
    ¿Es verdad que la guitarra llora
    lágrimas blancas
    cuando la luna añora
9   una carta por llegar?

    Dime, abuela, si es verdad
    que la alegría puede ser azul y verde
    como las olas del mar.

Palabras

por Liliana Cinetto

1 Escribo palabras,
palabras de tiza
que a los pizarrones
les hacen cosquillas.

5 Escribo palabras,
palabras traviesas
que llegan y borran
todas las tristezas.

9 Escribo palabras,
palabras de luna
que cantan de noche
mi canción de cuna.

13 Escribo palabras,
palabras con brillo
que viajan contentas
dentro de un bolsillo.

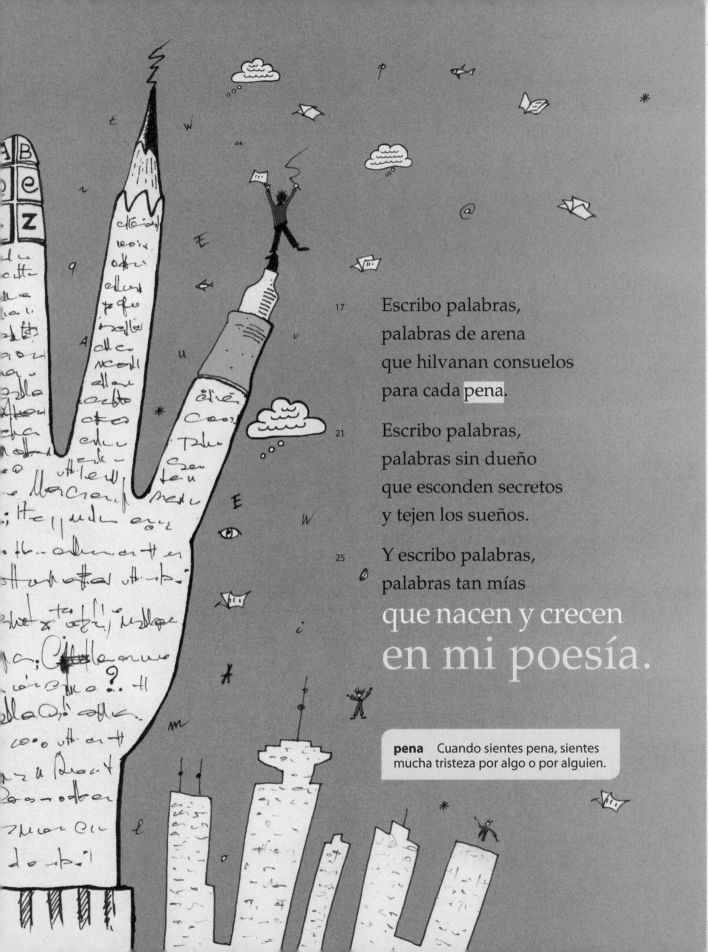

17 Escribo palabras,
palabras de arena
que hilvanan consuelos
para cada pena.

21 Escribo palabras,
palabras sin dueño
que esconden secretos
y tejen los sueños.

25 Y escribo palabras,
palabras tan mías

que nacen y crecen
en mi poesía.

pena Cuando sientes pena, sientes mucha tristeza por algo o por alguien.

153

1　Es muy oscura y es clara,
　　tiene mil contrariedades.
　　Nos esconde las verdades
　　y luego nos las declara.

5　Sabe su nombre cualquiera,
　　hasta los niños pequeños
　　y podemos ser su dueño
　　de una u otra manera.

9　Es traviesa y es curiosa,
　　es fácil y es complicada,
　　pero sea o no sea nada,
　　dime tú, ¿qué es esa cosa?

¡La adivinanza!

Miguel de Cervantes Saavedra
(Fragmento y adaptación de *La Galatea*)

Ensalada de risas

por F. Isabel Campoy

1　Para hacer una ensalada de risas
　　se necesitan:

　　Chistes, bromas, cosquillas.
　　Y un cuento de mentirijillas.
5　Gracia para compartir
　　un montón de simpatía.
　　Tres kilos de sana alegría.

　　¡Y amigos con quien reír!

gracia　Si algo o alguien tiene gracia, tiene cualidades
que le hacen agradable, como la simpatía.

Conversación colaborativa

Vuelve a leer lo que escribiste en la página 148. Dile a un compañero dos cosas que notaste en *Aventuras con las palabras*. Luego trabaja en grupo y comenta las preguntas de abajo. Explica tus respuestas con detalles y ejemplos de los poemas. Toma notas para responder las preguntas y úsalas cuando hables. Mientras escuchas a los demás, asegúrate de que comprendes lo que dicen todos los participantes de la conversación.

1 Repasa el poema de la página 150. ¿Qué mensaje transmiten los diferentes dedos de la mano?

2 Vuelve a leer el poema "¿De qué color es la música?". ¿Quién habla en el poema? ¿Cómo lo sabes?

3 ¿Qué te dice el poema de la escritora Liliana Cinetto sobre lo que ella piensa de las palabras?

Sugerencia para escuchar

Si no comprendes lo que dice algún integrante del grupo, espera hasta que acabe de hablar para hacerle preguntas.

Sugerencia para hablar

Una forma de comprobar que comprendes lo que otra persona ha dicho es volver a contar con tus palabras de forma resumida los puntos principales.

Escribir un poema

TEMA PARA DESARROLLAR

Los poemas de *Aventuras con las palabras* siguen diferentes patrones de rima, están escritos por diferentes poetas y son de diferentes longitudes, pero todos tienen algo en común: festejan las palabras.

¡Ahora es tu turno! Escribe un poema que exprese cuál de los poemas te gustó más. ¿Te interesa el mensaje de uno de los poemas? ¿Te gustó más el patrón de rima de un poema que el de otro? ¿Fue la selección de palabras lo que más llamó tu atención? Piensa en estas preguntas mientras planificas y escribes tu poema.

PLANIFICAR

Escribe tres razones para explicar por qué el poema que elegiste es tu preferido. Asegúrate de incluir elementos de la poesía, como los patrones de rima, los elementos de sonido, la selección de palabras o la estructura. Haz una lista de las frases o las palabras del poema sobre las que quieres hablar en tu propio poema.

ESCRIBIR

Ahora escribe tu propio poema sobre tu poema preferido de *Aventuras con las palabras*.

Asegúrate de que tu poema

☐ plantea tu opinión sobre el poema que más te gusta.

☐ indica las razones que apoyan tu opinión.

☐ ofrece ejemplos o citas de la selección.

Observa
y anota
Preguntas
complicadas

Prepárate para leer

ESTUDIO DEL GÉNERO Una **memoria** es un texto sobre las experiencias personales y los recuerdos de su autor. Una memoria puede centrarse en una parte de la vida de esa persona.

- Las memorias incluyen acontecimientos que ocurrieron en el pasado y suelen presentarse en orden cronológico.

- Los acontecimientos de una memoria incluyen personas reales y sus sentimientos acerca de dichos acontecimientos.

- Los autores de las memorias usan un lenguaje descriptivo y palabras sensoriales para presentar sus recuerdos y experiencias de forma significativa.

ESTABLECER UN PROPÓSITO **Piensa en** el título y el género de este texto. ¿Por qué crees que utiliza el autor este título? Escribe tus ideas abajo.

VOCABULARIO CRÍTICO

empinadas

aceleran

ensordecedor

director

Conoce al autor y a la ilustradora:
Juan Felipe Herrera y Elizabeth Gómez

El niño del revés

Cuento de **Juan Felipe Herrera**

Ilustraciones de **Elizabeth Gómez**

1   Cuando era niño, mi familia trabajaba en el campo. Eran campesinos que llevaban años labrando la tierra. Un día, mi mamá le dijo a mi papá: "Debemos buscar un sitio donde asentarnos. Juanito tiene que ir a la escuela". Aquel año, vivíamos en las montañas junto al lago Wolfer, un mundo transparente inundado con los colores del cielo.

2   Bajamos en el viejo camión militar de papá por las carreteras empinadas de la montaña hasta la casita rosada de doña Andasola, en la calle Juniper. Yo tenía ocho años y estaba a punto de vivir por primera vez en la gran ciudad.

—Juan Felipe Herrera

empinadas   Las colinas o montañas empinadas son difíciles de escalar porque están muy inclinadas.

3 Mamá, a quien le encantan las palabras, canta el nombre del cartel de la calle Juniper: "¡Ju-ni-peeer! ¡Ju-ni-peeer!".

4 Papá estaciona el viejo camión militar en la calle Juniper frente a la casita rosada de doña Andasola.
—Al fin la encontramos —grita papá—. ¡Ju-ni-per!

5 —Es hora de empezar la escuela —me dice mamá con voz musical.
—¡Mi calle Ju-ni-per! —grito a las gallinas del jardín.

6 —No te preocupes, chico
—dice papá mientras me lleva a la escuela—.
Todo cambia. Los lugares nuevos tienen
hojas nuevas en los árboles y soplan aire
fresco en tu vida.

7 Me pellizco la oreja. ¿Estoy aquí realmente?
Quizás la farola de la calle sea realmente un
tallo de maíz cubierto de polvo gris.

8 La gente viaja sola en sus autos lujosos que aceleran
al pasar por las calles. En los valles, los campesinos
cantaban: "Buenos días, Juanito".

9 Pongo cara de payaso, mitad por diversión, mitad por miedo.
—Yo no hablo inglés —le digo a papá—.
¿Se convertirá mi lengua en una piedra?

aceleran   Cuando las personas aceleran los autos, los conducen muy rápido.

10 Entro despacio en la escuela.
Llevo mi burrito de papas en una bolsa marrón.
El patio de juegos está vacío, las vallas están cerradas.
Hay una nube en el cielo.

11 No hay nadie en los corredores.
Abro una puerta con el número 27.
"¿Dónde estoy?". Mi pregunta
se desvanece mientras la enorme puerta
se cierra de golpe detrás de mí.

12 La maestra Sampson me muestra mi pupitre.
Los niños se ríen cuando meto la nariz en la bolsa del almuerzo.

13 Escucho el tictac del reloj rígido sobre mi cabeza
que me apunta con sus flechas extrañas.

14 En el pizarrón, veo una fila
con las letras del alfabeto y sumas de números. Si me los aprendo,
¿crecerán como las semillas?

15 Si aprendo palabras en inglés,
¿llegará mi voz al techo entretejida
como las enredaderas?

16 Pintamos con los dedos.
Dibujo soles enormes con mis manos abiertas,
disparatados autos de tomate y sombreros de pepino.
Escribo mi nombre con siete chiles.

17 —¿Qué es eso? —pregunta la maestra Sampson.
Mi lengua es una piedra.

18 Suena el timbre de la escuela
y tiemblo.

19 Corro y agarro mi bolsa del almuerzo,
y me siento en el banco de acero verde.
Enseguida termino mi burrito de papas.
Pero todos juegan
y yo estoy solo.

20 —Es el receso —me dice mi compañera Amanda en español.
Repito la palabra *receso* lentamente.
—Suena como *reses*, como el ganado —digo.

21 —¿Qué es el receso?
—le pregunto a Amanda.

22 El timbre ensordecedor
retumba de nuevo.

23 Esta vez, todos comen sus emparedados
mientras yo juego solo en el campo
de béisbol donde hace viento.

24 —¿Esto es el receso? —pregunto de nuevo.

25 Cuando yo salto,
todos se sientan.
Cuando yo me siento,
todos los niños vuelan por el aire.
Mis pies flotan entre las nubes
cuando lo único que deseo es tocar la tierra.
Soy el niño del revés.

ensordecedor Un ruido ensordecedor
es un sonido muy intenso.

26 Papá llega a la casita rosada de doña Andasola.
Le enseño la pintura que hice con los dedos.
—¡Qué sol tan picante! —vocea—.
Me recuerda los días cálidos de verano en el valle de San Joaquín
—dice, acomodando su pelo negro con las manos.

27 —¡Mira, mamá!
¿Ves mi pintura?

28 —Estos son tomates voladores
listos para la salsa —canta mamá.
Le enseña mi pintura a doña Andasola,
que se la muestra a Gabino, el canario.

29 —¡Gabino, Gabino! ¿La ves? —grita doña Andasola—.
¿Qué te parece?
Gabino mueve la cabeza de un lado a otro.
—¡Pío, pío, piiiii!

30 La maestra Sampson me invita
al frente de la clase:
—Canta, Juanito, canta una canción que hayamos ensayado.

31 Comienzo a temblar. Estoy solo frente al salón.

32 —¿Listo para cantar? —me pregunta la maestra Sampson.
Estoy congelado. Entonces respiro profundo.
—Tres ratones ciegos, tres ratones ciegos —canto.

33 Mis ojos se abren tan grandes como el techo
y mis manos se extienden como para agarrar
gotas de lluvia del cielo.

34 —Tienes una voz magnífica, Juanito —dice la maestra Sampson en inglés.
—¿Qué es magnífica? —le pregunto a Amanda después de la escuela.

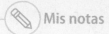
35 En casa, ayudo a mamá y a doña Andasola a hacer buñuelos:
trozos de tortilla fritos con azúcar y canela.

36 —¡Piiiiicho, ven aquí! —grito, llamando a mi perro mientras
aplasto una bola de masa.

37 —¡Escúchameeeee! —le canto a Picho mientras empina
las orejas en forma de triángulos peludos—. Mi voz es magníficaaaa.

38 —¿Qué canta? —pregunta doña Andasola a mi mamá
mientras coloca un buñuelo en la sartén.

39 —Mi maestra dice que mi voz es magníficaaaa —canto
mientras bailo con una diminuta bola de masa pegada a la nariz.

40 —¡Sí, sí! —se ríe mamá—.
Veamos si tus buñuelos también son magníficos.

41 —Yo solo estudié hasta tercer grado, Juanito
—me cuenta mamá ya en la cama.

42 —Cuando vivíamos en El Paso, Texas,
mi mamá necesitaba ayuda en la casa. Éramos muy pobres
y ella estaba cansada de limpiar las casas de los demás.

43 —Aquel año, tu mamá ganó una medalla de ortografía
—dice papá mientras se afeita en el baño.

44 —Tu papá aprendió inglés sin ir a la escuela —dice mamá—.
Cuando trabajaba en los trenes, les pagaba a sus
compañeros un centavo por cada palabra que le enseñaban.

45 —Cada palabra, cada idioma tiene su propia magia
—dice papá en voz baja.

171

46   Después de una semana leyéndonos un poema nuevo todos los días, la maestra Sampson nos dice: "Escriban un poema", y echa a andar el viejo fonógrafo rojo con una pieza de música sinfónica.

47   Pienso en mamá, agarro el lápiz con fuerza
y escribo letras que fluyen de la lustrosa punta como riachuelo.

48   Las ondas ruedan sobre el papel.
Las "L" tienen curvas al final.
Las "F" se ponen sus sombreros.
Las "M" parecen olas del mar que rompen sobre mi mesa.

El poema de Juanito

49   Papá Felipe tiene un bigote de palabras.
Mamá Lucha lleva fresas en el pelo.
¡Veo salsa mágica en mi casa y en todas partes!

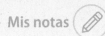

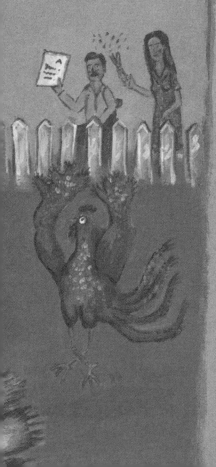

50 —**S**aqué sobresaliente en mi poema —les grito a todos
en el jardín, donde mamá le corta el pelo a papá.

51 Le enseño mi papel a Gabino
mientras vuelo por la cocina hasta el patio.

52 —Escuchen —les canto a los pollitos
con las manos en alto como si fuera un famoso director musical.

53 Reparto granos de maíz y recito mi poema.
Cada pollito de plumas rizadas recibe un nombre:
—¡Beethoven! ¡Tú tienes la cabeza más lanuda!
¡Mozart! ¡Una gallina saltarina con manchas negras!
¡Johann Sebastian! ¡Baila, baila, diminuto gallo rojo!

director Un director musical dirige a un grupo de personas
que cantan o tocan instrumentos musicales.

54 Por la mañana, mientras caminamos
hacia la escuela, papá me dice:
—Es cierto que tienes una voz magnífica, Juanito.
Nunca te había oído cantar hasta ayer,
cuando alimentaste a los pollos.
Al principio, cuando nos mudamos aquí,
parecías triste y no sabía qué hacer.

55 —Me sentía extraño, como de revés —le digo—.
Las calles de la ciudad no son suaves con flores.
Los edificios no tienen caras. Sabes, papá,
que en el campo me sabía todos los nombres, hasta el
de aquellos insectos con ojitos feroces y narices brillantes.

56 —Toma —dice—. Te doy mi armónica.
Tiene muchas voces, muchas canciones hermosas
como tú. ¡Cántalas!

57 El día de la exhibición en la escuela,
mamá y papá se sientan en primera fila.
Doña Andasola, con Gabino en su hombro,
admira los dibujos en las paredes.

58 —Nuestros dibujos se parecen a los campos floridos
del valle —le digo a Amanda.

59 —Tengo una sorpresa —le susurro a mamá—.
¡Soy "el maestro Juanito", el director del coro!
La maestra Sampson, con su sombrero de chile,
sonríe y pone la música.

60 Soplo un "do" con mi armónica:
—¡La la la laaaaa! ¿Listos para cantar sus poemas?
—pregunto a mi coro—. Uno… dos… ¡y tres!

Conversación colaborativa

Vuelve a leer lo que escribiste en la página 158. Explica a un compañero por qué pensaste que el autor usó el título *El niño del revés*. Luego trabaja en grupo y comenta las preguntas de abajo. Busca detalles y ejemplos en *El niño del revés* para apoyar tus ideas. Toma notas para responder las preguntas y úsalas cuando hables. Cuando compartas tus ideas, asegúrate de hablar con claridad y de forma que todos puedan comprender lo que dices.

1. Vuelve a leer la página 162. ¿Por qué le preocupa al autor que su lengua se convierta en una piedra?

2. Vuelve a leer las páginas 168 y 169. ¿Qué le invita a hacer la maestra Sampson a Juanito? ¿Cómo le ayuda esto?

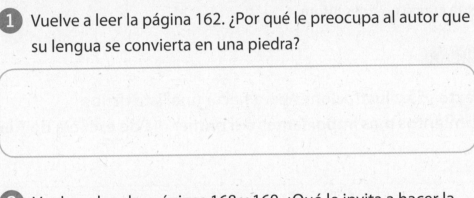

3. ¿Por qué Juanito se llama a sí mismo "el niño del revés"? ¿Por qué cree Juanito que está de revés?

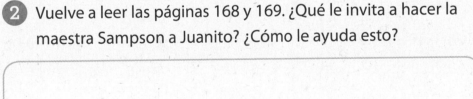

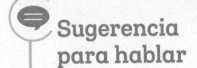

Sugerencia para escuchar

Mientras escuchas, piensa cómo puedes aportar información a la conversación. Planifica lo que quieres decir sobre cada pregunta.

Sugerencia para hablar

Usa oraciones completas. Habla alto de forma que todos los integrantes del grupo puedan escucharte.

Escribir un recuento

TEMA PARA DESARROLLAR

El autor de *El niño del revés* escribe sobre un momento importante de su vida. Habla sobre sus sentimientos y todas las cosas que son nuevas para él.

Imagina que eres uno de los compañeros de clase de Juanito. Escribe un cuento sobre su primer día en la escuela desde tu punto de vista. Di lo que piensas, haces y dices cuando Juanito entra en el salón de clases por primera vez. ¿En qué se parecerían los acontecimientos? ¿En qué cambiarían? Trata de usar las palabras del Vocabulario crítico en tu escritura.

PLANIFICAR

Usa el texto y las ilustraciones para hacer una lista de los acontecimientos más importantes del primer día de escuela de Juanito.

ESCRIBIR ....

Ahora escribe tu recuento del primer día de escuela de Juanito desde tu punto de vista.

✓ | **Asegúrate de que tu recuento**

☐ presenta a los personajes importantes.

☐ se cuenta desde tu punto de vista, como si fueras uno de los compañeros de Juanito.

☐ usa diálogos y descripciones de la acción.

☐ cuenta los acontecimientos en un orden lógico usando palabras para señalar el orden.

☐ cuenta cómo termina el cuento.

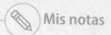

Prepárate para leer

ESTUDIO DEL GÉNERO La **poesía** usa los sonidos y el ritmo de las palabras para representar imágenes y expresar sentimientos. Las **cartas** son mensajes escritos que una persona envía a otra. Los **textos informativos** ofrecen datos y ejemplos sobre un tema.

- Los poemas suelen escribirse en párrafos llamados estrofas.
- Los poemas suelen utilizar un lenguaje descriptivo y rítmico.
- Las cartas suelen comenzar con un saludo amistoso y terminar con una despedida amistosa.
- Los textos informativos pueden incluir encabezados y subtítulos para indicar qué viene después. También incluyen elementos visuales, como fotos, y características del texto, como letra negrita y bastardilla, y pies de foto.

ESTABLECER UN PROPÓSITO **Piensa en** el título y los géneros de este texto. ¿Por qué crees que este cuento es un poema? ¿Por qué crees que una parte de este texto es una carta y otra parte es un texto informativo? Escribe tus ideas abajo.

Conoce a la autora y a la ilustradora:
Georgina Lázaro León y Valeria Cis

VOCABULARIO CRÍTICO

cristalinas

contemplaba

literato

retahíla

esfumó

reconocimiento

Pablo
y su
mangosta

Escrito por
Georgina Lázaro León

Ilustraciones de
Valeria Cis

1   Cuentan de un señor
       que, sin ser mayor
       (veintipocos años,
       si es que no me engaño),
5   ya era un escritor
       y hasta embajador
       de Chile en Colombo.
       ¡Cuánto honor! ¡Qué bombo!

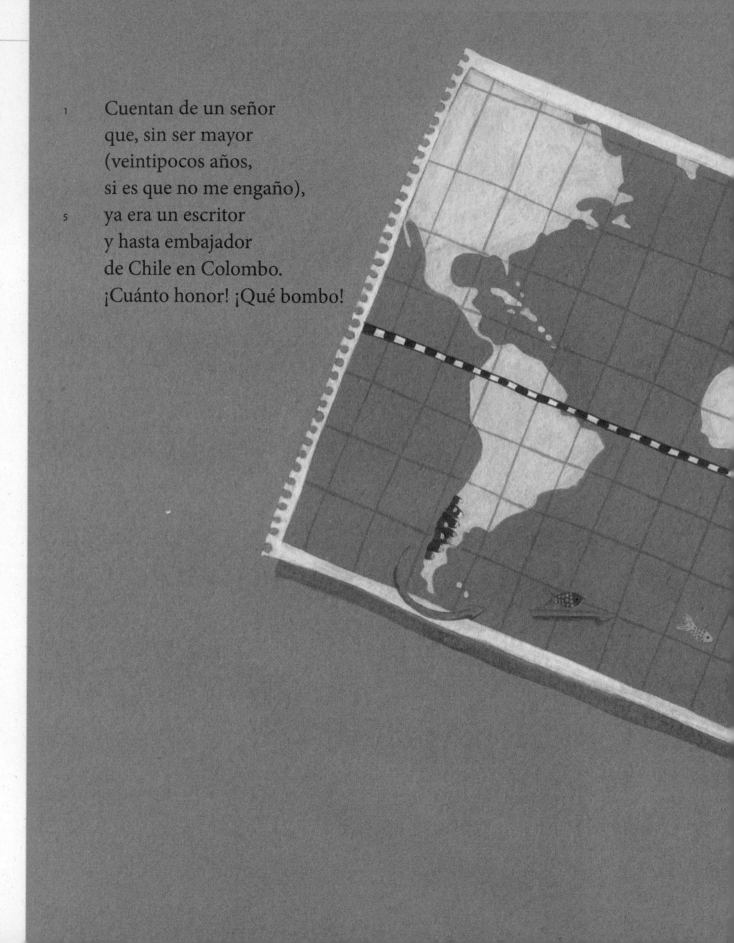

Residía en Ceilán
10   sin ningún afán,
una isla situada
allá por Bengala,
en cierto lugar
cerquita del mar:
15   aguas cristalinas,
música marina,
algas, caracoles,
peces de colores,
el fuerte oleaje…
20   ¡Qué bello paisaje!

cristalinas   Las cosas que son cristalinas son claras y transparentes.

Todas las mañanas,
desde su ventana,
al desayunar
veía desfilar
25   muchos elefantes,
lentos y elegantes,
que se iban a dar
su baño de mar.

Luego, el pobre Pablo,
30 ese de quien hablo,
contemplaba el viento
con aburrimiento,
pues entre papeles,
cenas y cocteles,
35 citas, protocolo,
se sentía muy solo.

contemplaba   Si una persona contemplaba
alguna cosa o idea, le prestaba mucha atención.

Estaba tan triste
(no es cosa de chiste)
que para animarse
40 solía sentarse
larguísimos ratos,
el gran literato,
a escribir poemas
de distintos temas…

literato   Un literato es una persona que dedica su
vida a la literatura. Los literatos suelen ser escritores.

45 la madera, el río,
    la uva, el rocío,
    la lluvia, los trenes,
    raíces, andenes,
    las olas, la arena,
50 el gozo y la pena.
    Así combatía
    desde la poesía
    el terrible hastío,
    el duelo, el vacío,
55 de estar tan distante;
    pesar de emigrante.

Hasta que un buen día,
para su alegría,
allá, por la costa,
60 halló una mangosta.
Era tan graciosa
que parecía hermosa
con su vestimenta
de sal y pimienta,
65 una miradita
casi dinamita,
y el gesto meloso,
un poco orgulloso.

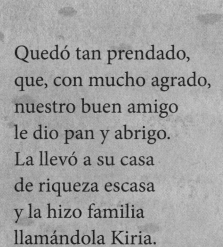

Quedó tan prendado,
70 que, con mucho agrado,
nuestro buen amigo
le dio pan y abrigo.
La llevó a su casa
de riqueza escasa
75 y la hizo familia
llamándola Kiria.

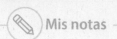

Comía en su mesa
como una condesa.
Dormía en su cama
80 igual que una dama.
Y sobre sus hombros,
sin ningún asombro,
tomaba la siesta
y no había protesta.

85 Él la consentía.
Ella lo seguía
por toda la casa,
por calles y plazas.
Entre sus papeles,
90 libros y anaqueles
posaba sus patas
y hacía caminatas.

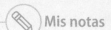
Era muy fogosa
y se hizo famosa
95 en la vecindad
por su agilidad
y su valentía.
Con gran osadía
cazaba serpientes,
100 por eso la gente
la solicitaba,
si alguna asomaba
su rostro salvaje
por entre el follaje.

105 Fue así que un buen día
con algarabía
todo el vecindario
buscó al dignatario.
Niños y mayores
110 de todos colores,
altos y bajitos,
feos y bonitos,
en gran procesión,
con mucha aprensión,
115 le solicitaron,
y hasta le rogaron,
que con Kiria fuera
en pos de una fiera;
que a un reptil atroz
120 cazara veloz.

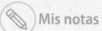

Fueron todos juntos
derechito al punto.
Callados y en fila,
larga retahíla,
125   como en un desfile
los niños tamiles
y los cingaleses,
como tantas veces,
dando largos pasos
130   con sus pies descalzos.

Pablo iba adelante
con su acompañante
guardada en sus brazos
casi en un abrazo.

> **retahíla**   Una retahíla es una serie de muchas cosas que están en orden.

135   Al ver la serpiente
se sintió valiente
y se tiró al suelo
comenzando el duelo.
Los que la seguían
140   con algarabía
quedaron distantes,
casi vacilantes,
silenciosos, mudos,
la garganta un nudo.

145   Kiria avanzó lenta.
Olfateó tormenta.
La feroz serpiente
le enseñó los dientes.
Con su cuerpo entero
150   fue formando un cero
y con gran fiereza
alzó la cabeza.
La miró a los ojos
con ira y enojo.
155   Era una centella
la serpiente aquella.

Mientras, avanzaba
la mangosta brava.
Se acercó a su boca;
160 por poco la toca,
y en aquel instante
dio un salto gigante.
Corre, vuela, pita.
"Patitas, patitas
165 para qué las quiero…".
Y con desafuero
emprendió carrera
por la carretera.
Dejó a sus amigos
170 con el enemigo,
incrédulos, quietos
y en un gran aprieto.

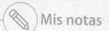
Como acto final
cruzó el arrabal
175 y sin detenerse
corrió hasta esconderse
en el dormitorio,
bajo el escritorio.
Este es el momento
180 de acabar el cuento.
Sin pena ni gloria
termina la historia.
En un solo día,
esa es la ironía,
185 luego del litigio
se esfumó el prestigio
que en aquellas costas
Pablo y su mangosta
habían cultivado
190 con tanto cuidado.

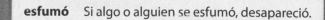

esfumó   Si algo o alguien se esfumó, desapareció.

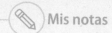
Fueron siempre amigos,
el mar es testigo.
Sin cazar serpientes
se quisieron siempre.
195 El embajador,
poeta, escritor,
después de aquel drama
ganó nueva fama.
No por su mascota,
200 tema de chacota,
ni por su osadía
en las cacerías,
sino porque Pablo,
ese de quien hablo,
205 por si alguien lo duda,
es Pablo Neruda.

Georgina les escribe a los niños acerca de Pablo

San Juan, 12 de julio de 2019

Queridos niños:

1   Mucho tiempo después de los sucesos que se narran en este cuento, se encontraba Pablo Neruda frente al espejo, viéndose como se describió alguna vez: duro de nariz, mínimo de ojos, escaso de pelos, creciente de abdomen, largo de piernas, amarillo de tez... Sonreía mientras se abotonaba el cuello de la camisa. Esta noche se vestiría de frac.

2   "Si pudiera pintarme mis bigotitos con corcho quemado, como cuando me disfrazo en Isla Negra, todo sería perfecto", pensaba con cara de niño travieso.

3   El amigo de Kiria ya tenía sesenta y siete años. Además de cónsul en muchos lugares, había sido senador, embajador y Académico de la Lengua.

4   Había escrito hasta esa fecha dos mil páginas de poesía. Sus obras se habían traducido a muchos idiomas. Había recibido una gran cantidad de premios. Había viajado por todo el mundo.

5   Esa noche estaba en Estocolmo y se preparaba para recibir, de manos del rey de Suecia, tal vez el reconocimiento más importante de su carrera: el Premio Nobel de Literatura. Sin embargo, se sentía como en un reparto de premios escolares en Temuco, la pequeña ciudad de Chile, donde vivió de niño.

6   Y es que Pablo, ese de quien hablo, uno de los mejores poetas de la literatura universal, conservó dentro de sí su alma de niño. Le gustaban los caracoles, los volantines, los pájaros, los caballos de madera o de cartón, los mascarones, las botellas de diferentes formas, tamaños y colores (algunas con barcos adentro)...

7   Coleccionaba objetos y libros como si fueran juguetes, con el propósito de entretenerse. Decía que el niño que no juega no es niño, y el hombre que no juega habrá perdido para siempre al niño que vivía en él y le hará mucha falta.

8   Nunca lo conocí, pero he leído sus libros y siento que lo conozco y es mi amigo. Supe de su experiencia con Kiria, su mangosta domesticada, porque él mismo la contó en un libro fascinante, *Confieso que he vivido*, donde habla de su vida como si fuera un largo cuento.

9   Mientras lo leía, sentía que él me hablaba. Por eso digo que los libros son mágicos.

Cariñosos saludos,
Georgina

reconocimiento   Un reconocimiento es un premio que se le otorga a una persona por haber hecho algo extraordinario.

Glosario

aprensión: miedo excesivo o recelo.

atroz: feroz, salvaje.

bombo: elogio exagerado con que se alaba a una persona o se anuncia algo.

chacota: risa, burla.

cingalés: persona natural de Ceilán.

Colombo: capital de Ceilán, país que lleva hoy día el nombre de Sri Lanka.

dignatario: persona que ocupa un cargo importante.

en pos: detrás de, en busca de.

hastío: sensación de disgusto o aburrimiento.

ironía: burla o broma.

litigio: pelea.

meloso: dulce.

pesar: sentimiento de dolor y pena.

prendado: encantado.

protocolo: conjunto de reglas o ceremonias establecidas para actos oficiales.

tamil: miembro de uno de los pueblos que habitan Sri Lanka.

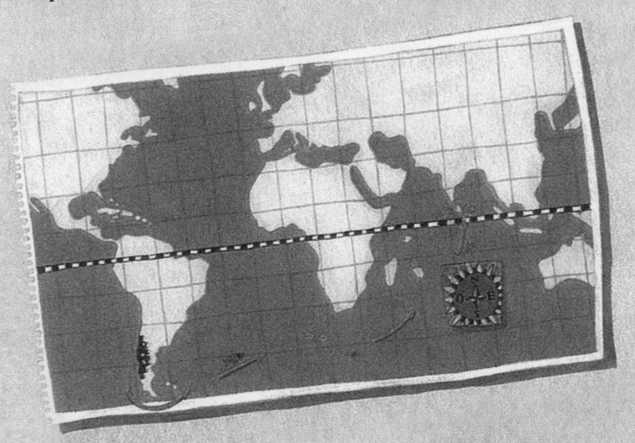

Datos interesantes
sobre la lectura

Sri Lanka, la isla de los mil nombres

1 Conocida como la Perla del Índico, la Lágrima de la India, la Tierra de Ceilán, entre muchos otros nombres, la República Democrática Socialista de Sri Lanka es un país insular de 21.5 millones de habitantes situado en la bahía de Bengala, en Asia.

2 Su moderna capital, Colombo, es una metrópolis bulliciosa y vibrante. Sin embargo, Sri Lanka también goza de fama mundial por ser un lugar ideal para relajarse y disfrutar de la naturaleza gracias a sus playas, bosques tropicales y extensas áreas de protección ambiental.

Bandera oficial de Sri Lanka

La ciudad costera de Colombo es la capital política, económica y cultural de Sri Lanka.

Safari en el parque nacional Minneriya, en el corazón de Sri Lanka

3   Esta hermosa isla tropical, hogar de diversas culturas, costumbres y lenguas milenarias, tiene dos idiomas oficiales: el cingalés (hablado únicamente en Sri Lanka) y el tamil. Estos dos idiomas usan sus propios alfabetos, que son muy distintos a nuestro alfabeto romano. Sin embargo, aunque no es oficial, el inglés es ampliamente reconocido en todo el país, así que es muy común encontrar carteles y los nombres de las calles escritos en inglés.

Pescadores zancudos pescan durante la marea alta.

4   Si bien la economía de Sri Lanka continúa creciendo y fortaleciéndose, a mediados del siglo XX el país pasó por fuertes dificultades y hasta escasez de alimentos. Para sustentar a sus familias, algunos pescadores iniciaron la costumbre de enterrar zancos en las playas a los que se subían para pescar durante las horas de marea alta. Desde entonces se conoce a estos pescadores como los "pescadores zancudos de Sri Lanka".

Cosecha de té en las tierras altas de Sri Lanka

5   Las tierras altas del centro de la isla, con su clima húmedo y lluvioso, son ideales para la producción de té. De hecho, el principal producto de exportación de Sri Lanka es el famoso "té de Ceilán", que varía de sabor dependiendo de la altitud de la zona donde se produce.

Mangosta gris de Sri Lanka

6   En Sri Lanka viven dos especies de mangostas: la mangosta roja y la mangosta gris. Estos pequeños y veloces mamíferos son conocidos por su capacidad de ser inmunes al veneno de las serpientes. ¡En un enfrentamiento cuerpo a cuerpo, una mangosta puede ganarle incluso a una cobra de nueve pies de longitud! No sabemos exactamente qué especie de mangosta fue Kiria, la mascota de Pablo Neruda. En su libro *Confieso que he vivido*, Pablo solo nos dice que el pelo de Kiria era "color de sal y pimienta", lo que nos hace pensar que Kiria era una mangosta gris.

Pablo Neruda, el más grande poeta del siglo XX

El renombrado escritor Gabriel García Márquez dijo una vez que Pablo Neruda fue "el más grande poeta del siglo XX en cualquier idioma".

Pintura mural de Pablo Neruda

Pablo Neruda cuando era niño.

Pablo Neruda nació el 12 de julio de 1904 en la pequeña ciudad de Parral, cerca de Santiago de Chile.

En 1923, a la edad de diecinueve años, Pablo publicó su primera obra poética *Crepusculario*. El talento del joven poeta cautivó el interés y el respeto tanto de su público como de los críticos, dando así el puntapié inicial a una carrera de escritor que se extendería por medio siglo hasta el final de sus días.

1904　　　　　**1919**　　**1923**　　**1927**

El nombre Pablo Neruda es en realidad un seudónimo. Su nombre real fue Ricardo Eliécer Neftalí Reyes Basoalto. Se dice que su seudónimo proviene del apellido del poeta y escritor checo Jan Neruda. También se cree que proviene de un personaje llamado Wilma Norman-Neruda, una violinista que aparece en la novela *Estudio en escarlata* de Sir Arthur Conan Doyle (el escritor de las novelas de Sherlock Holmes).

Pablo Neruda en 1919, cuando aún firmaba como Ricardo Reyes.

Pablo Neruda fue un notable diplomático y dignatario. Entre 1927 y 1939 se desempeñó como cónsul en Birmania (actualmente Myanmar), Ceilán (actualmente Sri Lanka), España, México y Francia; y finalmente como embajador en Francia, en 1971 y 1972.

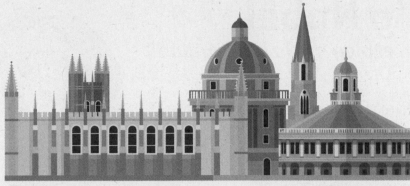

Pablo Neruda fue el primer escritor latinoamericano en recibir el título de Doctor Honoris Causa de Filosofía y Letras de la Universidad de Oxford.

Casa Museo La Sebastiana de la Fundación Pablo Neruda, ubicada en Valparaíso, Santiago de Chile

Pablo Neruda vivió en Italia entre 1949 y 1952. Sus experiencias de vida durante estos tres años contribuyeron al argumento de la película italiana de 1994 *Il postino* (El cartero) y al de la ópera española del mismo nombre que se estrenó en 2010.

Pablo Neruda fallece el 23 de septiembre de 1973 en Santiago de Chile.

| 1949 | 1963 | 1965 | 1971 | 1973 |

En 1963, cuando el poeta tenía casi sesenta años, recibió una notificación de la Academia Sueca en la que se le informaba que había sido considerado como candidato para recibir el Premio Nobel de Literatura. Ocho años pasaron hasta que finalmente viajó a Estocolmo para recibir el preciado galardón, el 21 de octubre de 1971.

Pablo Neruda recibe el Premio Nobel de Literatura de manos del rey de Suecia.

Los libros de Pablo Neruda han sido traducidos a más de 35 idiomas. Entre sus obras literarias se destacan *Veinte poemas de amor y una canción desesperada, España en el corazón* y *Los versos del capitán*.

Premio Nobel,
para quienes hacen el bien por la humanidad

1 El Premio Nobel es un galardón internacional otorgado por la Fundación Nobel a personas cuyos logros en las áreas de física, química, medicina, literatura, paz y economía han contribuido notablemente al bienestar de la humanidad.

La medalla Nobel está hecha de oro y presenta la imagen en relieve de su fundador, Alfred Nobel.

2 El 27 de noviembre de 1895, un año antes de su muerte, el ingeniero, inventor y filántropo sueco Alfred Nobel firmó su testamento en el que incluyó el deseo de utilizar su fortuna para el progreso de las ciencias, el conocimiento y la paz en forma de premios anuales. Los primeros premios se entregaron en 1901.

3 Los Premios Nobel se entregan en la capital sueca de Estocolmo. La única excepción es el Premio Nobel de la Paz, que se entrega en Oslo, Noruega. Hasta 2017 se habían entregado 585 premios a 923 individuos excepcionales. Las edades de los ganadores van de los 17 a los 90 años.

4 El Premio Nobel de Literatura que Pablo Neruda recibió constaba de una medalla, un diploma y un cheque. En la actualidad, el monto del premio es de 9,000,000 de coronas suecas, que equivalen a casi 1.2 millones de dólares estadounidenses. Cada diploma Nobel tiene impresa una frase única dedicada exclusivamente al ganador. La frase del diploma de Pablo Neruda dice: "por una poesía que, con la acción de una fuerza elemental, aviva el destino y los sueños de un continente".

El Palacio Nobel, sede de la Fundación Nobel en Estocolmo, Suecia

Conversación colaborativa

Vuelve a leer lo que escribiste en la página 182. Explica tus ideas a un compañero. Luego trabaja en grupo y comenta las preguntas de abajo. Busca detalles y ejemplos en *Pablo y su mangosta* para apoyar tus respuestas. Toma notas para responder las preguntas y úsalas cuando hables. Prepárate para aportar información útil a la conversación.

1. Repasa las páginas 194 y 195. ¿Por qué Kiria se hizo famosa en la vecindad? ¿Por qué se le esfumó el prestigio?

2. Repasa las páginas 206 y 207. ¿Qué información te ofrece la autora en la carta que no te dice en el poema? Escribe tres ejemplos en el recuadro de abajo.

3. Vuelve a leer las páginas 210 a 214. ¿Por qué crees que en esta selección se ha incluido un texto informativo?

Sugerencia para escuchar

Mientras escuchas, piensa en ideas nuevas que puedas compartir. Toma notas sobre lo que te gustaría decirle a tu grupo.

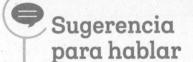

Sugerencia para hablar

Aporta ideas nuevas a la conversación. No te limites a repetir lo que ya se ha dicho.

Escribir una comparación

La poesía de *Pablo y su mangosta* narra una historia sobre el escritor Pablo Neruda durante la época en que vivió en Ceilán. La autora de la poesía nos cuenta que Pablo se sentía muy solo hasta un día en que halló una mangosta y la llevó a su casa.

Escribe un párrafo que compare y contraste la vida de Pablo Neruda en Ceilán antes y después de hallar la mangosta. ¿Cómo se sentía antes de hallar la mangosta? ¿Cómo cambia su vida después de llevarla a su casa? Trata de usar algunas palabras del Vocabulario crítico en tu escritura.

PLANIFICAR ....

Haz una lista de las cosas que Pablo hacía antes de hallar la mangosta. Haz otra lista de las cosas que hacía después de llevarla a su casa.

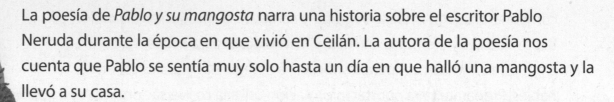

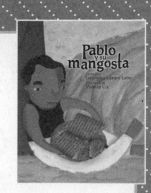

ESCRIBIR

Ahora escribe tu párrafo de comparación sobre la vida de Pablo antes y después de hallar la mangosta.

Asegúrate de que tu comparación

☐ comienza con una introducción del tema.
☐ describe semejanzas y diferencias en la vida de Pablo antes y después de hallar la mangosta.
☐ incluye detalles del texto.
☐ usa palabras y frases de enlace como *y*, *también* y *pero*.
☐ termina con una oración de cierre.

? Pregunta esencial

¿Cómo utilizan las personas las palabras para expresarse?

Escribir una carta persuasiva

TEMA PARA DESARROLLAR Piensa en las formas en que los personajes de este módulo y las personas que conoces usan las palabras para compartir sus ideas y pensamientos.

A veces, las personas "inventan" palabras nuevas. Cuando esto ocurre, los diccionarios deciden si deben agregar esas palabras. Imagina que una palabra que usas todo el tiempo no está en el diccionario. Escribe una carta a las personas que se encargan de elaborar el diccionario para explicarles por qué deberían agregar tu palabra. Usa ejemplos de los textos como ayuda para exponer el caso de tu palabra.

Voy a escribir sobre la palabra _____.

Asegúrate de que tu carta persuasiva
☐ incluye un saludo y un cierre.
☐ tiene una petición clara que indica la palabra que deseas agregar y el porqué.
☐ presenta las razones de forma clara y lógica.
☐ usa palabras como *porque* para conectar tu petición y las razones.
☐ usa hechos y ejemplos de apoyo.
☐ termina volviendo a plantear por qué se debería agregar tu palabra.

¿Por qué debe incluirse tu palabra en el diccionario? Repasa tus notas para buscar evidencias que apoyen tu petición.

Usa la tabla de abajo para planificar tu carta. Escribe tu palabra y una oración que plantee tu petición. Luego escribe las razones y las evidencias que apoyan cada una de ellas. Usa las palabras del Vocabulario crítico siempre que sea posible.

Mi tema: _____

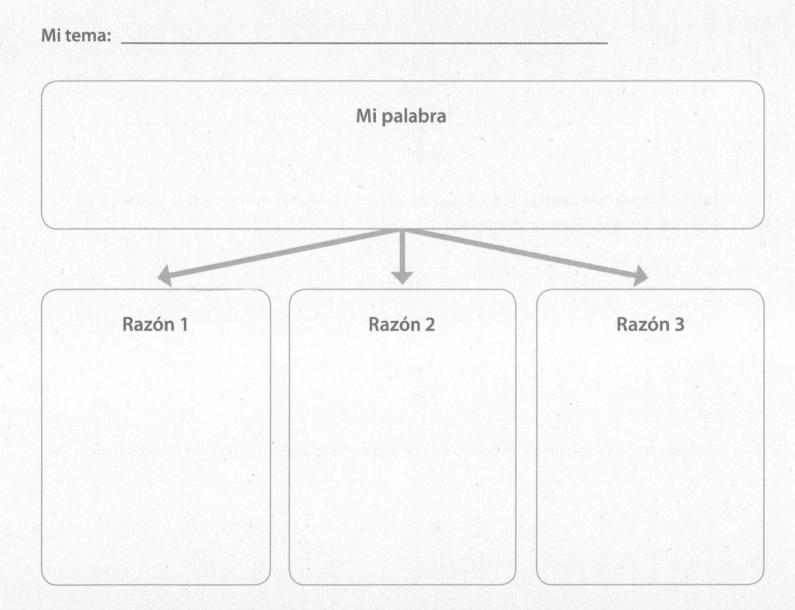

Mi palabra

Razón 1   Razón 2   Razón 3

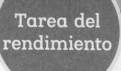
HACER UN BORRADOR ⋯⋯⋯⋯⋯⋯⋯⋯⋯ **Escribe tu carta persuasiva.**

Usa la información que escribiste en el organizador gráfico de la página 219 para hacer un borrador de tu carta persuasiva.

Escribe un **principio** que indique la palabra que deseas agregar al diccionario y por qué debería agregarse. Comparte tu idea de forma que resulte interesante para el lector.

Escribe un **párrafo central** que indique las razones y cualquier evidencia que las apoye. Presenta tus razones en un orden lógico.

Finaliza tu carta con un recordatorio de por qué debe agregarse la palabra al diccionario.

Los pasos de revisión y edición te dan la oportunidad de observar detenidamente tu escritura y hacer cambios. Trabaja con un compañero y determina si has explicado tus ideas con claridad a los lectores. Usa estas preguntas como ayuda para evaluar y mejorar tu carta persuasiva.

✓ PROPÓSITO/ ENFOQUE	ORGANIZACIÓN	EVIDENCIA	LENGUAJE/ VOCABULARIO	CONVENCIONES
☐ ¿Se identifica en mi carta la palabra que deseo agregar? ☐ ¿He incluido las razones que apoyan mi petición?	☐ ¿Explico mis razones en un orden lógico? ☐ ¿Se vuelve a plantear mi petición al final?	☐ ¿Incluí ejemplos y otras evidencias del texto?	☐ ¿Usé palabras como *porque* para conectar mi opinión y las razones? ☐ ¿Usé palabras claras y exactas para explicar mis razones?	☐ ¿He escrito todas las palabras correctamente? ☐ ¿He usado el formato correcto de una carta? ☐ ¿He usado los sustantivos propios correctamente?

PRESENTAR ·· Comparte tu trabajo.

Crear la versión final Elabora la versión final de tu carta persuasiva. Puedes incluir una fotografía o un dibujo de la palabra que elegiste. Considera estas opciones para compartir tu relato.

1 Coloca tu carta en el tablero de anuncios del salón de clases o en la biblioteca de la escuela.

2 Trabaja con tus compañeros en un panel de conversación sobre palabras nuevas. Lee tu carta en voz alta y responde las preguntas de la audiencia.

3 Comparte tu carta en el sitio web o en la página de redes sociales de la escuela. Pide la opinión de los lectores.

¡Que suene la libertad!

"Me gusta ver la bandera estrellada
que ondea sobre mi cabeza".
— de "Our Flag"

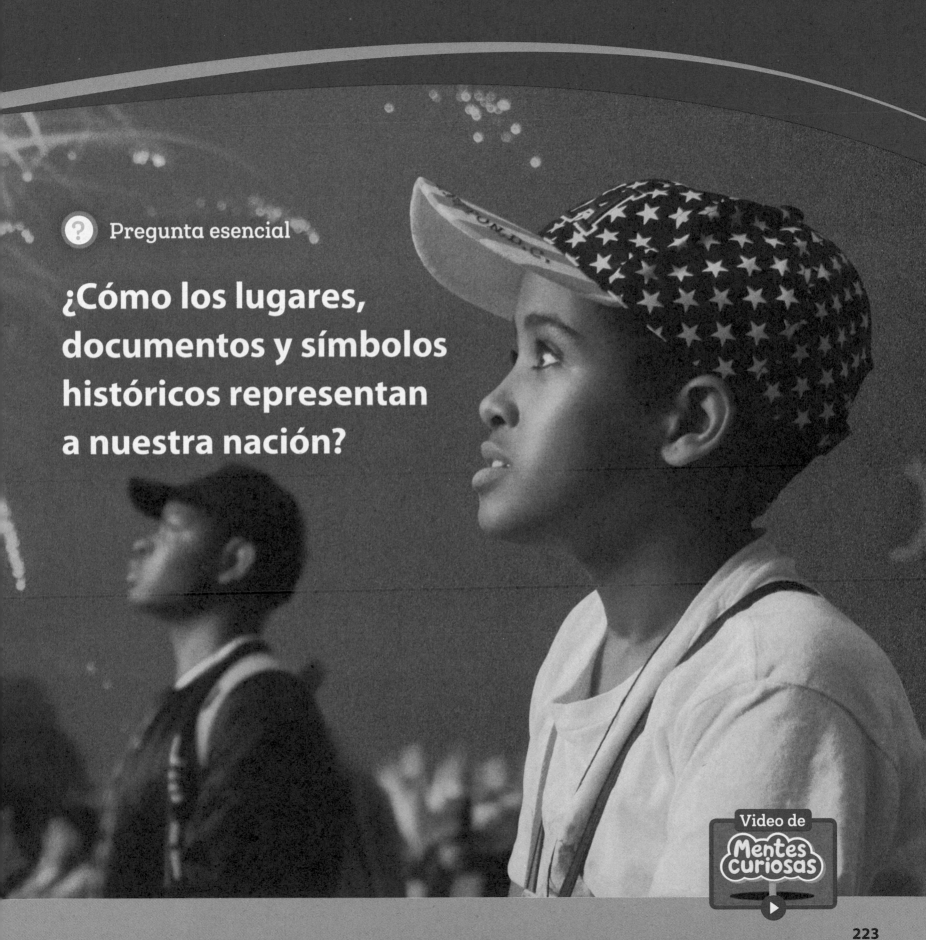

? Pregunta esencial

¿Cómo los lugares, documentos y símbolos históricos representan a nuestra nación?

Video de
Mentes curiosas

Palabras acerca de nuestra nación

Las palabras de la tabla de abajo te ayudarán a hablar y escribir sobre las selecciones de este módulo. ¿Cuáles de las palabras acerca de nuestra nación ya has visto antes? ¿Cuáles son nuevas para ti?

Completa la Red de vocabulario de la página 225. Escribe sinónimos, antónimos y palabras y frases relacionadas para cada palabra.

Después de leer cada selección del módulo, vuelve a la Red de vocabulario y añade más palabras. Si es necesario, dibuja más recuadros.

PALABRA	SIGNIFICADO	ORACIÓN DE CONTEXTO
leal (adjetivo)	Cuando eres leal a alguien o a algo, lo apoyas con entusiasmo.	Los leales seguidores gritaron y aplaudieron cuando el equipo anotó.
soberanía (sustantivo)	La soberanía es el derecho y poder que tiene una nación para gobernarse a sí misma o a otro país o estado.	Los Padres Fundadores querían la soberanía, o la independencia, del Imperio británico.
democracia (sustantivo)	Una democracia es un tipo de gobierno en el que las personas eligen a sus líderes mediante votación.	En los Estados Unidos, votamos por nuestro presidente porque somos una democracia.
cívico (adjetivo)	La palabra cívico describe las obligaciones, los derechos y las responsabilidades que tienen los ciudadanos en una comunidad, ciudad o nación.	Los funcionarios electos cumplen con su deber cívico sirviendo nuestra nación.

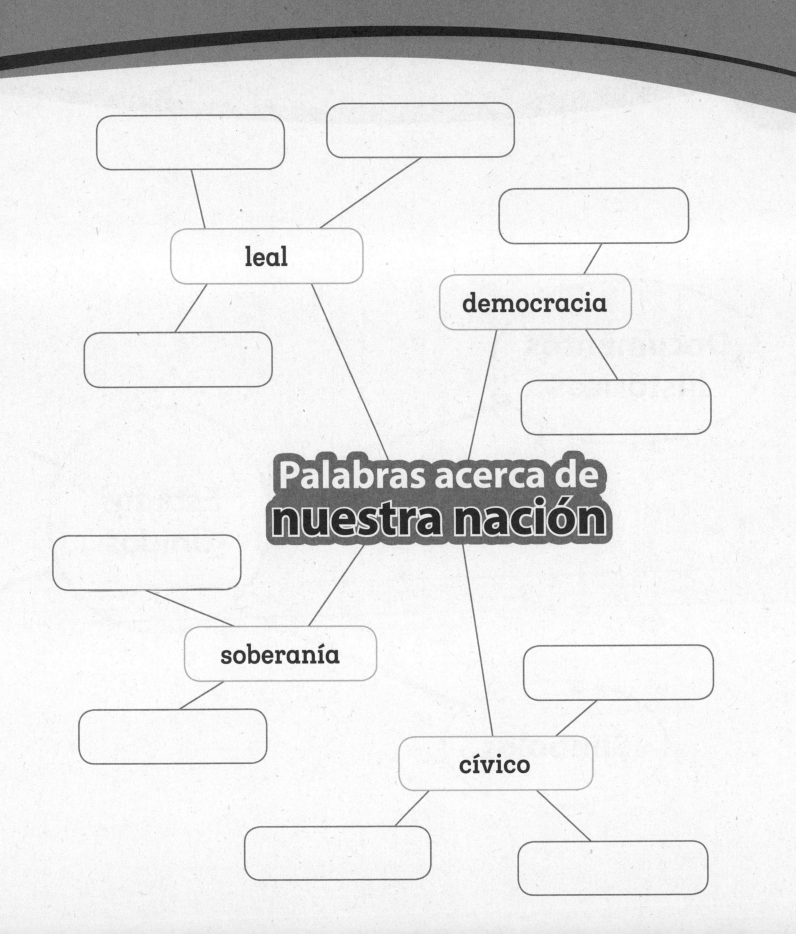

leal

democracia

Palabras acerca de
nuestra nación

soberanía

cívico

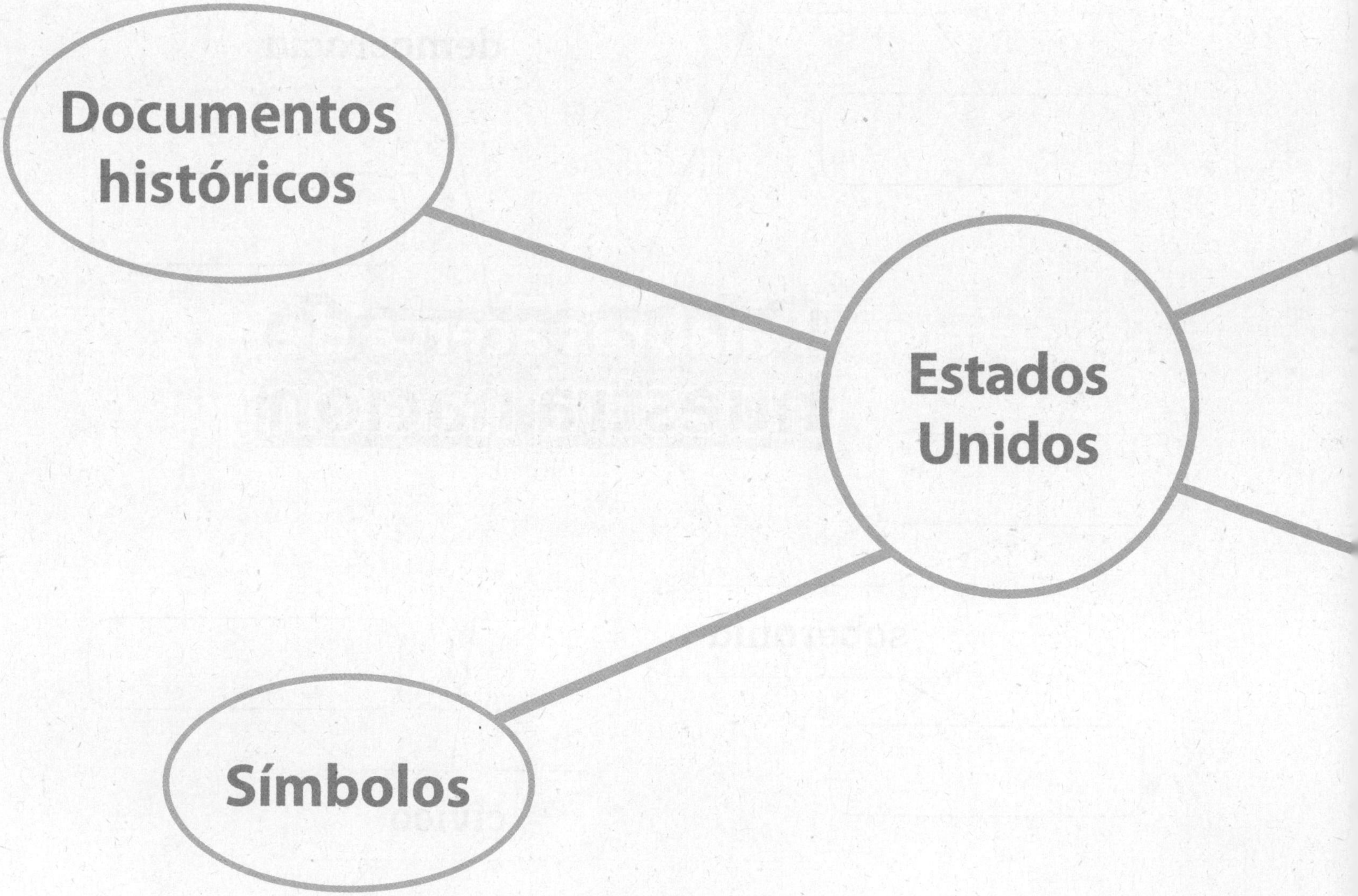

Documentos históricos

Estados Unidos

Símbolos

Días festivos

Monumentos

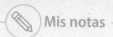

Lectura breve

LUGARES ESTADOUNIDENSES, IDEALES ESTADOUNIDENSES

1 El pueblo estadounidense es leal a la idea de la libertad. Nuestra nación se fundó sobre la base de la libertad. Washington D. C., la capital de nuestro país, representa este ideal importante. Este mapa muestra lugares de Washington que representan la libertad.

El monumento a Lincoln

2 Abraham Lincoln fue nuestro 16.° presidente. Lincoln lideró el país durante la Guerra Civil, de 1861 a 1865.

3 El monumento a Lincoln se terminó de construir en 1922. El edificio alberga una estatua de Lincoln. En una de sus paredes está escrito el discurso de Lincoln en Gettysburg. Este monumento honra a Lincoln y sus ideales de libertad y justicia.

El monumento a Jefferson

4 Thomas Jefferson fue nuestro tercer presidente. Escribió el primer borrador de la Declaración de Independencia. En ella se decía que los Estados Unidos quedaban libres de la soberanía o el dominio de Gran Bretaña.

5 El monumento a Jefferson se terminó en 1943. Tiene una estatua de Jefferson mirando hacia la Casa Blanca. Al lado de la estatua hay unas palabras de la Declaración de Independencia.

La Casa Blanca

6   En 1792, se comenzó la construcción de una casa para el presidente. El presidente John Adams fue el primero en habitarla. Durante la guerra de 1812, las tropas británicas le prendieron fuego. La casa se reparó y se pintó de color blanco para ocultar los daños. Desde entonces se la conoce como la Casa Blanca.

7   La Casa Blanca es un símbolo de la democracia. Democracia significa "poder del pueblo". Así funciona nuestro gobierno. Somos libres de elegir a nuestros líderes mediante el proceso de votación.

El monumento a Washington

8   El monumento a Washington se terminó de construir en 1884. El mismo rinde homenaje al primer presidente de los Estados Unidos, George Washington, quien luchó por nuestra independencia de Gran Bretaña. El monumento a Washington es el edificio más alto de Washington y siempre lo será. ¡Hay una ley que prohíbe construir edificaciones más altas!

El Capitolio de los Estados Unidos

9   El Capitolio de los Estados Unidos se construyó en el año 1800. El Congreso de los Estados Unidos se reúne en este lugar para hacer las leyes. Este compromiso cívico es tan importante que los ciudadanos de los 50 estados eligen a los miembros del Congreso. A través del Congreso, todos los ciudadanos ayudan a definir el futuro del país.

10   En la cúpula del Capitolio se encuentra la estatua de la Libertad de Washington, o *Statue of Freedom*. Es una figura en bronce de una mujer con casco. El casco simboliza su función como protectora de los valores estadounidenses.

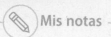
Observa
y anota
3 preguntas
importantes

Prepárate para leer

ESTUDIO DEL GÉNERO Los **textos informativos** ofrecen datos y ejemplos sobre un tema.

- Los textos informativos pueden incluir encabezados y subtítulos para indicar qué viene después.
- Los textos informativos incluyen ideas principales. Cada idea principal se apoya en detalles clave y datos.
- Los textos informativos pueden incluir palabras específicas del tema de estudios sociales.
- Los textos informativos incluyen elementos visuales y características del texto.

ESTABLECER UN PROPÓSITO **Piensa en** el título y el género de este texto. ¿Qué sabes sobre la Constitución de los Estados Unidos? ¿Qué quieres aprender? Escribe tus ideas abajo.

VOCABULARIO CRÍTICO

convención

delegados

nacional

bienestar

posteridad

Conoce al autor y al ilustrador:
Norman Pearl y Matthew Skeens

La Constitución de los EE. UU.

por Norman Pearl

ilustrado por
Matthew Skeens

1 Mi nombre es **James Madison.**
Fui el cuarto presidente de los Estados Unidos. También participé en la creación de un conjunto de reglas para la nación. Estas reglas se conocen como la Constitución.
Te contaré la historia.

¿Qué es la Constitución de los EE. UU.?

2 La Constitución de los Estados Unidos es la guía que muestra cómo funciona el gobierno. La misma establece cuánto poder pueden tener las ramas o partes del gobierno. Les dice cómo deben hacer las leyes y cómo deben asegurarse de que todos los estadounidenses las cumplen. La Constitución es un símbolo de la democracia.

> La Constitución es la ley suprema de los Estados Unidos. Es más importante que la ley de cualquier ciudad o estado.

Las primeras reglas de los EE. UU.

3 Después de ganar la Guerra de Independencia en 1783, los Estados Unidos se convirtieron en un nuevo país. Como cualquier otra nación, necesitaba reglas o leyes. El primer conjunto de reglas se llamó los Artículos de la Confederación. Estas reglas unían a los 13 estados.

4 Era un comienzo, pero la nación necesitaba aún más. Los Estados Unidos necesitaban una forma de gobierno mejor.

Rhode Island fue el único estado que no envió ningún delegado a la Convención Constitucional.

¿Quién escribió la Constitución?

5   En mayo de 1787, delegados de casi todos los 13 estados se reunieron en Filadelfia, Pensilvania. Su tarea era escribir la Constitución, un nuevo conjunto de reglas para el gobierno del país.

6   La reunión se llamó la **Convención** Constitucional. Los 55 **delegados** de la reunión después se conocieron con el nombre de legisladores de la Constitución.

convención   Una convención es una reunión de personas que comparten los mismos objetivos o ideas.

delegados   Las personas elegidas para tomar decisiones en nombre de un grupo mayor se llaman delegados.

Muchas ideas diferentes

7   Escribir la Constitución no fue fácil. Muchas personas tenían ideas diferentes sobre lo que debía decir. Algunos querían un gobierno nacional fuerte. Otros no. Hubo muchas discusiones.

8   Finalmente, el 17 de septiembre de 1787, terminaron las discusiones y los delegados firmaron la Constitución. Luego, los estados debían aceptar respetarla. El último de ellos lo hizo en 1790.

James Madison era un delegado de Virginia. Ayudó a los demás delegados de la Convención Constitucional a solucionar sus diferencias. Madison era listo y justo. Hoy se le conoce como el Padre de la Constitución.

Las partes de la Constitución

9   La Constitución tiene tres partes principales: el preámbulo, los artículos y las enmiendas.

1. PREÁMBULO

10   El preámbulo es el comienzo de la Constitución. Explica a los estadounidenses por qué necesitan un gobierno y una Constitución.

11   *Nosotros, el Pueblo de los Estados Unidos, a fin de formar una Unión más perfecta, establecer la Justicia, garantizar la Tranquilidad nacional, proveer para la defensa común, fomentar el Bienestar general y asegurar los Beneficios de la Libertad para nosotros y para nuestra Posteridad, por la presente promulgamos y establecemos esta Constitución para los Estados Unidos de América.*

nacional   Cuando algo es nacional, forma parte o está relacionado con el país donde vives.

bienestar   Si alguien se ocupa de tu bienestar, esa persona se asegura de que estás sano y feliz.

posteridad   Si piensas en todas las personas que vivirán en el futuro y cómo serán sus vidas, piensas en la posteridad.

Los artículos permiten que los gobernantes cuiden de la seguridad de los ciudadanos estadounidenses. Indican que el gobierno puede crear un ejército y una armada para proteger la nación.

2. ARTÍCULOS

12 Los siete artículos de la Constitución explican las ramas del gobierno de los EE. UU. Establecen lo que pueden o no pueden hacer. En los Estados Unidos, los ciudadanos dirigen el gobierno. Los estadounidenses tienen el derecho al voto. Mediante el voto, los estadounidenses eligen a las personas que quieren que trabajen para ellos en el gobierno.

13 Los artículos dividen el gobierno de los EE. UU. en tres ramas. Cada una tiene diferentes poderes. Ninguna puede ser más fuerte que las otras. Esto es lo que se llama "equilibrio de poder". Todas las ramas son iguales.

Rama ejecutiva

14　Esta rama está formada por el presidente, el vicepresidente y las personas que les ayudan a realizar su trabajo. Su sede se encuentra en la Casa Blanca.

Rama judicial

15　Esta rama es el sistema de justicia. Los jueces vigilan que las leyes se cumplan correctamente. La rama judicial tiene su sede en la Corte Suprema, el tribunal más importante de los Estados Unidos.

La rama ejecutiva

La rama judicial

La rama legislativa

Rama legislativa

16　Esta rama está formada por el Congreso, que a su vez se divide en dos partes: la Cámara de Representantes y el Senado. El Congreso crea las leyes de la nación. Tiene su sede en el Capitolio.

3. ENMIENDAS

17 Las enmiendas no formaron parte de la Constitución original. Se agregaron más tarde. Otorgan muchos derechos a los estadounidenses. Por ejemplo, las enmiendas establecen que los estadounidenses no pueden convertirse en esclavos. Pueden pertenecer a cualquier religión que deseen. Todos los estadounidenses mayores de 18 años pueden votar. Desde que se firmó en 1787, la Constitución se ha enmendado o ampliado 27 veces. Las primeras 10 enmiendas se llaman la Carta de Derechos. Son los derechos más importantes que tienen los estadounidenses.

La Constitución y tú

18   ¿Qué representa la Constitución en tu vida? La Constitución le da al gobierno de los EE. UU. el poder de hacer las leyes. Las leyes no son solo para los adultos. También son para los niños.

19   Hay leyes que permiten que los niños vayan a la escuela. Otras dicen qué tipo de trabajos pueden hacer los niños y la cantidad de horas que pueden trabajar.

20   Durante más de 200 años, la Constitución ha mantenido fuerte al gobierno de los EE. UU. Estoy orgulloso de nuestra Constitución. Ahora que sabes la historia, espero que tú también lo estés.

La Constitución original se puede ver en el Centro de Archivos Nacionales en Washington D. C. La Carta de Derechos y la Declaración de Independencia también están allí.

Conversación colaborativa

Vuelve a leer lo que escribiste en la página 230. Dile a un compañero dos cosas que aprendiste del texto. Luego trabaja en grupo y comenta las preguntas de abajo. Busca detalles y ejemplos en *La Constitución de los EE. UU.* para apoyar tus ideas. Toma notas para responder las preguntas y úsalas cuando hables.

1. Repasa la página 235. ¿Por qué se le llama a James Madison el "Padre de la Constitución"?

2. Vuelve a leer las páginas 237 a 239. ¿Por qué el "equilibrio de poder" es una buena idea para el gobierno de los EE. UU.?

3. Vuelve a leer la página 240. ¿Por qué la Constitución es importante para los jóvenes?

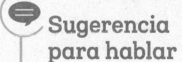

Sugerencia para escuchar

Escucha atentamente a los demás. Si hay alguna idea que no esté clara o necesitas más información, prepara preguntas para obtener más detalles.

Sugerencia para hablar

Comparte tus ideas con claridad. Prepárate para responder las preguntas que puedan tener los demás sobre lo que has dicho.

Escribir una entrada de enciclopedia

TEMA PARA DESARROLLAR

En *La Constitución de los EE. UU.*, leíste sobre un documento importante en la historia de los Estados Unidos.

Imagina que eres escritor de una enciclopedia en línea para jóvenes. Te han pedido que escribas una entrada sobre la Constitución de los EE. UU. Escribe un párrafo corto que nombre las tres partes principales de la Constitución de los EE. UU. y que explique por qué es importante cada una de ellas. No olvides usar algunas de las palabras del Vocabulario crítico en tu escritura.

PLANIFICAR

Crea una tabla de tres columnas para tomar notas sobre los datos importantes de cada parte de la Constitución de los EE. UU. Usa una columna para cada parte.

ESCRIBIR

Ahora escribe tu entrada de enciclopedia resumiendo las tres partes principales de la Constitución.

Asegúrate de que tu entrada de enciclopedia

☐ comienza con una oración temática.

☐ contiene datos y detalles importantes del texto para apoyar la oración temática.

☐ usa palabras y frases para conectar ideas.

☐ tiene una oración de cierre que concluye el párrafo.

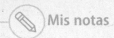
Prepárate para ver un video

ESTUDIO DEL GÉNERO Los **videos informativos** presentan datos
e información sobre un tema con elementos visuales y audio.

- Un narrador explica el tema mientras las imágenes en
  pantalla van cambiando para apoyar la narración.

- En los videos se utilizan personas y lugares reales.

- Los videos informativos pueden incluir palabras
  específicas de un tema de estudios sociales.

- Los productores de videos pueden incluir efectos de
  sonido o música de fondo para hacer que el video resulte
  más interesante para los espectadores.

ESTABLECER UN PROPÓSITO **Piensa en** el título y el género de
este video. ¿Qué crees que vas a aprender? Escribe tus ideas
abajo.

VOCABULARIO CRÍTICO

independencia

declaraban

presentaron

dotados

**Desarrollar el contexto:
El cumpleaños de los Estados Unidos**

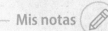

Por qué celebramos el 4 de Julio

Mientras miras *Por qué celebramos el 4 de Julio*, presta atención a los acontecimientos que llevaron a los Estados Unidos a convertirse en un país independiente. Observa las imágenes que se usan para mostrar los acontecimientos que sucedieron en el pasado. ¿Cómo se relacionan las imágenes con lo que dice el narrador para ayudarte a comprender estos acontecimientos importantes? ¿Qué relación hay entre los acontecimientos del video y las celebraciones del 4 de Julio que tenemos hoy en día? Toma notas en el espacio de abajo.

Presta atención a las palabras del Vocabulario crítico *independencia*, *declaraban*, *presentaron* y *dotados*. Busca pistas para descubrir el significado de cada palabra.

independencia   Si eres libre de poner tus propias reglas y elegir por ti mismo, tienes independencia.

declaraban   Si unas personas declaraban algo, se sentían seguras o decididas de hacerlo y expresarlo formalmente.

presentaron   Si unas personas presentaron una cosa, la mostraron ante alguien.

dotados   Si los seres humanos son dotados de algo, se les ha dado u otorgado ciertas cosas o cualidades.

Conversación colaborativa

Trabaja en grupo y comenta las preguntas de abajo. Busca detalles y ejemplos en *Por qué celebramos el 4 de Julio* para apoyar tus ideas. Toma notas para responder las preguntas y úsalas cuando hables. Durante la conversación, escucha activamente prestando atención a los hablantes.

1 ¿Cuál fue el motivo por el cual se escribió la Declaración de Independencia?

2 ¿Cuáles son algunas de las ideas presentadas en la Declaración de Independencia?

3 ¿Por qué el 4 de Julio se conoce también como el cumpleaños de los Estados Unidos?

Sugerencia para escuchar

Escucha para asegurarte de que el hablante no se desvía del tema. Si la conversación avanza en la dirección incorrecta, haz preguntas para retomar el tema.

Sugerencia para hablar

Cuando sea tu turno de hablar, asegúrate de que las ideas que compartes están relacionadas con el tema que se está tratando.

Escribir un resumen

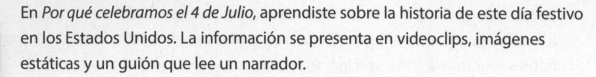

TEMA PARA DESARROLLAR

En *Por qué celebramos el 4 de Julio*, aprendiste sobre la historia de este día festivo en los Estados Unidos. La información se presenta en videoclips, imágenes estáticas y un guión que lee un narrador.

Imagina que tu escuela va a crear una guía del video para los estudiantes. Tu tarea consiste en hablarles a los demás estudiantes sobre el video *Por qué celebramos el 4 de Julio*. Escribe un resumen del video que cuente a los espectadores lo que aprenderán sobre el 4 de Julio. No olvides usar algunas de las palabras del Vocabulario crítico en tu escritura.

PLANIFICAR

Haz una lista de los elementos más importantes del video. Escribe tu lista en el orden en el que aparecen los elementos o enuméralos en el orden correcto.

ESCRIBIR

Ahora escribe tu resumen del video para explicarles a los espectadores lo que van a aprender.

Asegúrate de que tu resumen

- ☐ comienza con una introducción del tema.
- ☐ incluye datos y no tu opinión.
- ☐ menciona algunos elementos importantes del video en el orden correcto.
- ☐ termina con un enunciado de cierre.

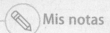

Observa y anota
Una y otra vez

Prepárate para leer

ESTUDIO DEL GÉNERO ▸ La **narración de no ficción** ofrece información basada en hechos reales a través de un cuento o historia verdadera.

- La narración de no ficción incluye personas y acontecimientos reales, y los presenta en orden cronológico.

- La narración de no ficción puede incluir palabras específicas sobre un tema.

- La narración de no ficción puede incluir elementos visuales, como ilustraciones, mapas y diagramas.

ESTABLECER UN PROPÓSITO ▸ **Piensa en** el título y el género de este texto. ¿Qué sabes sobre la bandera de los Estados Unidos? ¿Qué quieres aprender? Escribe tus ideas abajo.

Conoce a la autora y a la ilustradora:
Susan Campbell Bartoletti y Claire A. Nivola

VOCABULARIO CRÍTICO

anchas

arenosos

izada

La creadora de banderas

POR
**SUSAN CAMPBELL
BARTOLETTI**

ILUSTRADO POR
CLAIRE A. NIVOLA

1   *Era el año 1812* y los Estados Unidos estaban en guerra con Gran Bretaña. Un país en guerra necesitaba muchas banderas.

2   En Baltimore, una niña de 12 años llamada Caroline Pickersgill y su madre, Mary, cosían banderas.

3   Caroline y su madre cosían banderas para que la milicia y la caballería pudieran dirigir a sus hombres durante las batallas en tierra.

4   Cosían banderas para que los barcos de la armada pudieran comunicarse entre ellos durante las batallas en el mar.

5   Cosían banderas para los buques corsarios que atacaban los barcos británicos.

6   Pero, a pesar de todas las banderas que hacían y de todas las batallas que los estadounidenses peleaban, no lograban derrotar a los británicos.

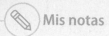

7	Un día de verano, Caroline y su madre recibieron la visita de tres militares en su taller de banderas. Los oficiales pidieron una bandera estadounidense para el fuerte McHenry, la fortaleza que protegía las aguas cercanas a Baltimore.

8	Uno de los oficiales dijo: "La bandera deberá ser muy grande para que los británicos puedan verla desde lejos".

9   Emocionadas, Caroline y su madre se pusieron a trabajar de inmediato. De una tela de lana, cortaron trozos para las anchas franjas rojas y blancas.

10   Cortaron un gran pedazo de tela azul oscuro.

11   Recortaron estrellas de algodón blanco.

---

anchas   Las cosas que son anchas tienen gran amplitud.

12　　Día tras día cosieron puntada tras puntada, franja roja tras franja blanca, estrella tras estrella.

13　　La abuela y los primos de Caroline les ayudaron.

14　　También les ayudó una mujer que era esclava de su mamá.

15　　Y la sirvienta.

16　　Noche tras noche, trabajaron a la luz de las velas hasta la madrugada.

17　　La tela de lana picaba.

18　　La aguja pinchaba.

19　　A Caroline le dolían los dedos y sentía los ojos arenosos e irritados.

20　　Pero cosieron, pulgada a pulgada, hasta que la bandera se expandió más allá de sus regazos y se extendió en pliegues sobre el piso.

arenosos　Cuando sientes los ojos arenosos, los sientes como si tuvieran polvo o arena.

21   Ya la bandera no cabía en el taller de costura y la llevaron a un granero.

22   Extendieron la bandera sobre el suelo del granero.

23   Y siguieron cosiendo.

24   Finalmente, después de seis largas semanas, cosieron la última estrella de la bandera.

25   Cortaron y anudaron los últimos hilos.

26   Desde el vuelo hasta la vaina, era la bandera más grande que Caroline había visto.

27   La bandera se envió al fuerte McHenry y los soldados la levantaron por encima de las murallas.

28   Todos los días, Caroline miraba su bandera ondear sobre el fuerte. Parecía diminuta desde la distancia, pero la hacía sentirse orgullosa.

29   Al año siguiente, el taller de banderas tuvo mucho más trabajo.

30   Caroline y su madre cosieron más banderas.

31   Los estadounidenses pelearon más batallas.

32   Pero no lograban derrotar a los británicos de una vez para siempre.

33   Y así transcurrió un año muy complicado.

34   Una mañana de agosto, muy temprano, se escuchó el resonar de un caballo por las calles de Baltimore: "¡Barcos británicos!", gritaba el jinete. "¡En la bahía de Chesapeake!"

35   Caroline sabía que los barcos británicos solo podían significar una cosa: una invasión.

36   Por todo Baltimore repicaron las campanas de las iglesias, llamando a las tropas a las armas.

37   Hombres y jóvenes formaron filas en la plaza cargando al hombro grandes mosquetes.

38   Un tambor repiqueteó. Una corneta resonó. Un comandante gritó: "¡De frente, marchen!".

39   La milicia inició la marcha para derrotar a los británicos.

40   Durante todo el día, Caroline trató de dedicarse a su trabajo.

41   Cosió.

42   Barrió.

43   Observó su bandera y esperó noticias.

44   Barrió y cosió y siguió esperando.

45   Al día siguiente, Caroline escuchó un estruendo lejano, como el de un trueno.

46   Un cañón.

47   Oró por los hombres.

48   Más tarde, las noticias más terribles corrieron de nuevo por las calles. Los estadounidenses habían luchado y perdido. Las tropas británicas se dirigían hacia Washington para derrocar la ciudad.

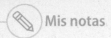

49   Aquella noche, hombres, mujeres y niños se subieron a los tejados para observar el cielo de Washington. Brillaba con un espeluznante color anaranjado. ¡Los británicos estaban quemando la capital!

50   Caroline miró en la oscuridad al otro lado del puerto, en dirección al fuerte McHenry. No vio la bandera, pero estaba convencida de que seguía allí.

51   Baltimore se preparó para defenderse.

52   Los hombres cavaron zanjas y trincheras alrededor de la ciudad. Los picos y las palas picaban y raspaban. La tierra volaba.

53   Las mujeres y los niños llevaban galletas y té a los voluntarios.

54   En el canal cerca del fuerte McHenry, los hombres hundieron barcos pequeños y barcazas para bloquear el puerto.

55   Las mujeres y los niños hicieron vendas con tiras que rasgaron de las ropas.

56   Los hombres enfilaron los barcos cañoneros en dirección a los barcos británicos.

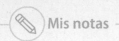

57 Una vez más, Baltimore esperó.

58 Un día.

59 Una semana.

60 Dos semanas.

61 La ciudad contenía la respiración.

62 Fueron a la iglesia.

63 Fueron a trabajar.

64 Mientras esperaban el ataque de los británicos.

65   Una mañana de agosto, muy temprano, un fuerte estruendo sacudió el taller de banderas.

66   Caroline corrió a la ventana.

67   ¡Los barcos británicos bombardeaban el fuerte McHenry!

68   El fuerte McHenry contraatacaba.

69   Durante horas, las bombas estallaron con más fuerza que los truenos.

70   Durante horas, los cohetes chirriaron y centellearon más intensos que los rayos.

71   El taller retembló y se sacudió. Las calles se cubrieron de humo.

72   El olor a pólvora quemada inundó el aire.

73   Los barcos británicos estaban cada vez más cerca.

74   Llegó la tarde.

75   Una tormenta oscureció el cielo.

76   Llovía.

77   Rayos, truenos, cañones y cohetes se volvieron todo uno.

78   Los barcos, el fuerte y el cielo retumbaban y centelleaban a la par.

79   Cada vez que se iluminaba el cielo, Caroline veía que su bandera seguía allí.

80   A medianoche, los bombardeos cesaron.

81   Por un minuto.

82   Por diez minutos.

83   Pasó una hora y todo estaba tranquilo.

84 Caroline ansiaba que llegara la luz de la mañana.

85 Ahora, solo podía esperar.

86 Y ser valiente.

87 Trató de no dormirse.

88 Pero no lo consiguió.

89 Caroline se despertó al amanecer. Ya no llovía. Todo era gris: el cielo, el agua y la tierra. No podía ver el fuerte.

90 Una brisa entró por la ventana. Lentamente, el cielo se despejó.

91   Allí, izada sobre las murallas, Caroline vio una gastada bandera colgando del asta en el húmedo aire de la mañana…

92   Una bandera de tela de lana con franjas anchas y estrellas brillantes.

93   Con agujas que pinchaban.

94   Y dedos que dolían.

95   Una bandera cosida con orgullo, valentía y esperanza.

★   ★   ★

izada Si una bandera está izada, está atada con cuerdas y colgada en lo alto de un poste o mástil.

Conversación colaborativa

Vuelve a leer lo que escribiste en la página 250. Dile a un compañero dos cosas que aprendiste del texto. Luego trabaja en grupo y comenta las preguntas de abajo. Usa datos y detalles de *La creadora de banderas* para explicar tus respuestas. Toma notas para responder las preguntas y úsalas cuando hables. Relaciona tus ideas con las de los demás integrantes de tu grupo.

1 Repasa las páginas 252 a 257. ¿Qué te ayudan a comprender las ilustraciones sobre el trabajo de crear banderas?

2 Vuelve a leer las páginas 263 a 265. ¿Qué detalles de la preparación para el ataque británico son sorprendentes? ¿Por qué?

3 ¿Qué detalles demuestran lo que siente Caroline por la bandera durante los acontecimientos principales de la selección?

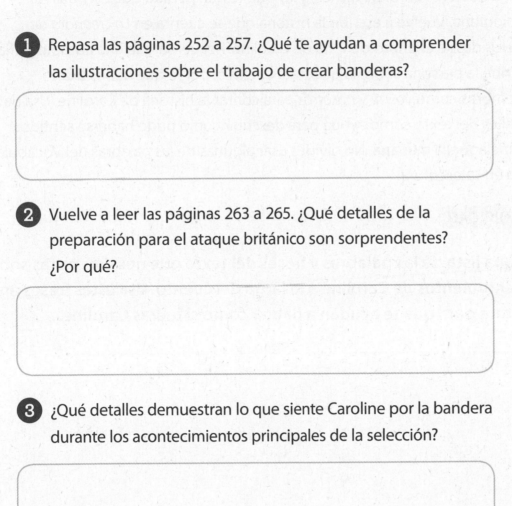

Sugerencia para escuchar

Escucha las ideas y los detalles que comparte cada hablante. Piensa cómo pueden agregarse tus ideas o relacionarse con lo que ellos dicen.

Sugerencia para hablar

Usa palabras de enlace, como *otro detalle* o *también*, para conectar tus ideas con lo que dicen los demás.

Escribir una autobiografía

En *La creadora de banderas*, leíste la historia real de Caroline Pickersgill. Ella y otros trabajaron durante semanas para crear la enorme bandera del tamaño de una casa que un día inspiraría al escritor de nuestro himno nacional *The Star-Spangled Banner* ("La bandera tachonada de estrellas").

Imagina que eres Caroline Pickersgill y que te han pedido que escribas tu autobiografía. Vuelve a escribir la historia que se cuenta en *La creadora de banderas* desde el punto de vista de Caroline. Recuerda que una autobiografía la escribe la persona sobre la que trata el relato, por lo que debes usar pronombres como *yo*, *mí* y *nosotros* para contar la historia de Caroline. Usa datos y detalles del texto como ayuda para describir cómo pudo haberse sentido Caroline aquella mañana. No olvides usar algunas de las palabras del Vocabulario crítico en tu escritura.

Haz una lista de las palabras y frases del texto que nos dan pistas sobre los sentimientos de Caroline a lo largo del cuento. Usa estas frases en tu escritura para que te ayuden a hablar como si fueras Caroline.

ESCRIBIR

Ahora escribe tu autobiografía sobre Caroline Pickersgill.

Asegúrate de que tu autobiografía

☐ presenta un narrador en primera persona.

☐ describe los acontecimientos en un orden lógico usando palabras que indican el orden de los acontecimientos.

☐ describe cómo se sintió Caroline la mañana después de la batalla.

☐ cuenta cómo terminó el cuento.

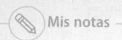

Observa y anota

3 preguntas importantes

Prepárate para leer

ESTUDIO DEL GÉNERO La **narración de no ficción** ofrece información basada en hechos reales a través de un cuento o historia verdadera.

- La narración de no ficción puede incluir encabezados y subtítulos para indicar las secciones del texto.

- La narración de no ficción puede incluir elementos visuales y características del texto. Los autores también pueden incluir barras laterales para presentar ideas relacionadas con el tema.

- La narración de no ficción incluye palabras que son específicas del tema.

ESTABLECER UN PROPÓSITO **Piensa en** el título y el género de este texto. ¿Qué sabes sobre la estatua de la Libertad? ¿Qué quieres aprender? Escribe tus ideas abajo.

Conoce a la autora y a la ilustradora:
Martha E. H. Rustad y Holli Conger

VOCABULARIO CRÍTICO

ferri

monumento

inspiró

antorcha

escultor

¿Por qué es verde la estatua de la Libertad?

por Martha E.H. Rustad

ilustrado por Holli Conger

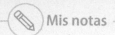
Una visita a la estatua de la Libertad

1 Nuestra clase se va de excursión.

2 La maestra Bolt nos pide que adivinemos adónde vamos.

3 —¿Qué es verde y tan alto como un edificio de veintidós plantas? —pregunta la maestra.

4 —¡Un dinosaurio! —grita Elijah.

5 —¡Un rascacielos verde! —dice Elizabeth.

6   —Vamos a visitar la estatua de la Libertad —dice la maestra Bolt.

7   —¿Qué quiere decir libertad? —pregunta Kiara.

8   —Libertad quiere decir "independencia" —responde la maestra Bolt.

Estatua de la Libertad

La estatua de la Libertad se encuentra en el puerto de Nueva York. Hay réplicas más pequeñas de la estatua en otras ciudades del mundo, desde París, Francia, hasta Buenos Aires, Argentina, incluyendo a Fargo, en Dakota del Norte.

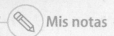

Un símbolo representa un objeto, una idea u otra cosa. La estatua de la Libertad representa la libertad.

9   Tomamos un ferri hacia Liberty Island. Allí nos encontramos con la guía Alisha, que nos espera junto al asta de la bandera. Ella les habla a los visitantes sobre la historia del monumento.

10   —La estatua de la Libertad fue un regalo de Francia a los Estados Unidos como un símbolo de la amistad —nos explica—. Los trabajadores franceses tardaron nueve años en construirla.

11   —¿Un regalo? —pregunta Ali—. ¿Cómo se puede envolver un regalo tan grande?

12   La guía Alisha nos dice que los trabajadores tuvieron que separar la estatua en partes y colocar las partes en 214 cajas. Un barco transportó las cajas hasta Nueva York en 1885.

13   Caminamos hasta el frente de la estatua de la Libertad. La estatua descansa sobre una base gigante. La guía Alisha dice que se llama pedestal.

> **ferri**   Un ferri es un barco que lleva personas o vehículos a través de un río o canal.
>
> **monumento**   Un monumento es una estatua o edificio grande que honra a una persona o suceso importante de la historia.

El pedestal mide 154 pies (47 metros) de altura. La estatua mide 151 pies (46 metros) de altura. Juntos suman 305 pies (93 metros) de altura. ¡Eso es igual que la longitud de tres campos de fútbol americano!

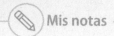
14   Aprendemos que la base la construyeron obreros estadounidenses.

15   —Una autora llamada Emma Lazarus escribió un poema sobre la estatua de la Libertad —nos dice la guía Alisha—. El poema inspiró a miles de estadounidenses, que donaron dinero para construir el pedestal.

16   Después, los obreros unieron todas las partes de la estatua sobre la base. La estatua de la Libertad se abrió para los visitantes en 1886.

> **inspiró**   Una idea o acción que inspiró a una persona, la animó a hacer algo.

Dentro del pedestal

17   Luego entramos al pedestal. Por dentro es como un museo.

18   —¡Oh, no! —dice Elia—. ¿Se cayó la antorcha?

19   La guía Alisha nos explica que la antorcha que estamos viendo es la original. Unos obreros colocaron una nueva.

antorcha   Una antorcha es un palo largo con una llama en un extremo que puede utilizarse para alumbrar o para prender un fuego.

281

20 También nos explica que la llama nueva está cubierta de oro de verdad. Las luces se reflejan en la superficie brillante.

21 Miramos una copia de la cara de la estatua.

22 ¡La nariz es más alta que nosotros!

23 —La estatua de la Libertad es de cobre, como la moneda de un centavo —nos dice la guía Alisha.

24 —Pero las monedas de un centavo son marrones —dice María—. Y la estatua es verde.

25 —¡Así es! —dice la guía Alisha—. La estatua era de color marrón cobrizo cuando era nueva. La lluvia, el viento y el sol fueron cambiando su color hasta convertirla en verde.

La gran subida

26 ¡Ha llegado el momento de subir! Subimos 156 escalones hasta la parte superior del pedestal.

27 —¡Tengo las piernas cansadas! —dice Tony.

28 Miramos hacia arriba por el interior de la estatua.

29 —Pueden ver la estructura de acero —señala la guía Alisha—. La estructura son los huesos de la señora Libertad. La mantiene de pie.

30 ¡Ahora vamos afuera!

El **escultor** Frédéric-Auguste Bartholdi diseñó la estatua. Un señor llamado Gustave Eiffel construyó la estructura. Este señor es famoso porque construyó la torre Eiffel de París.

escultor Un escultor es un artista que utiliza piedra, madera o metal para hacer una obra de arte.

El nombre completo de la estatua es "La Libertad iluminando el mundo". También la llaman señora Libertad.

31 —Puedo ver la ciudad de Nueva York —grita Michael.

32 La guía Alisha señala hacia Ellis Island. A esa isla llegaban los barcos que traían a los inmigrantes que llegaban a los Estados Unidos. En el camino, estos nuevos estadounidenses pasaban junto a la estatua.

33 —Era una de las primeras cosas que veían. Parecía que les daba la bienvenida a su nuevo hogar —nos dice la guía.

Alrededor de 3.5 millones de personas visitan la estatua de la Libertad anualmente.

34 —¿Podemos subir hasta la corona? —pregunta Markus.

35 —Esta vez no —dice la maestra Bolt—. Para visitar la corona se necesitan unos boletos especiales.

36 —Mi prima subió hasta la corona —dice Andrea—. Dijo que estaba tan alta como las nubes.

37 La guía Alisha dice que hay que subir 377 escalones en espiral. ¡Y después bajar!

38 Bajamos las escaleras. Nuestra excursión ya casi llega a su fin.

39 —¿Qué le decimos a la guía Alisha? —pregunta la maestra Bolt.

40 —¡Gracias, guía Alisha! —gritamos todos.

41 Y mientras nos alejamos en el barco, la maestra dice:

—La estatua de la Libertad es un símbolo de libertad. ¿Qué es la libertad para ustedes?

42 —Ir al parque sin mi hermano —dice Sarah.

43 —Comer todos los helados que quiera —dice Tim.

44 De vuelta a casa, paramos a comprar helado. Agarramos los conos como si fueran la antorcha de la señora Libertad.

La estatua de la Libertad tiene un letrero que dice: July IV MDCCLXXVI. Esto es lo mismo que 4 de julio de 1776, la fecha de la independencia de los Estados Unidos.

Cómo hacer que las monedas se vuelvan verdes

45   La estatua de la Libertad está hecha de cobre. Cuando era nueva, tenía el mismo color que las monedas de un centavo. El clima hizo que sobre ella se formara una capa verde. Puedes cambiar el color de las monedas de un centavo para que sean iguales al color de la estatua de la Libertad.

46   **Necesitas:**
   recipiente de vidrio o plástico
   1/2 taza de vinagre
   2 cucharaditas de sal
   una cuchara de plástico o madera
   varias monedas de un centavo
   servilletas de papel

47   1) Mezcla el vinagre y la sal en un recipiente con la cuchara.

   2) Coloca las monedas en el recipiente. Espera diez minutos.

   3) Utiliza la cuchara para sacar las monedas. Colócalas sobre una servilleta de papel para que se sequen.

   4) Comprueba cómo están las monedas después de una hora.

48   La capa verde que se forma en las monedas se llama pátina.

Conversación colaborativa

Vuelve a leer lo que escribiste en la página 274. Dile a un compañero dos cosas que aprendiste del texto. Luego trabaja en grupo y comenta las preguntas de abajo. Usa datos y detalles de *¿Por qué es verde la estatua de la Libertad?* Toma notas para responder las preguntas y úsalas cuando hables. Durante la conversación, prepárate para hacerles preguntas a los integrantes de tu grupo que te ayuden a comprender sus ideas.

1 Repasa las páginas 278 y 279. ¿En qué se parece la estatua de la Libertad a un regalo que pudieras recibir? ¿En qué se diferencia?

2 Vuelve a leer las páginas 279 a 283. ¿Qué detalles ayudan a explicar por qué se puede ver desde lejos la estatua de la Libertad?

3 ¿Qué detalles del texto explican por qué la estatua de la Libertad es un símbolo importante para nuestro país?

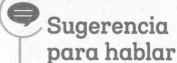

Sugerencia para escuchar

Mira a la persona que está hablando y escúchala atentamente. Decide si estás de acuerdo, en desacuerdo o si necesitas saber algo más para comprender sus ideas.

Sugerencia para hablar

Si deseas obtener más información, haz preguntas como *¿Puedes ayudarme a entender por qué has dicho…?*

Escribir una carta de opinión

TEMA PARA DESARROLLAR

En *¿Por qué es verde la estatua de la Libertad?*, la clase de la maestra Bolt va de excursión a la estatua de la Libertad. Los estudiantes exploran la estatua con una guía, pero no les permiten subir a la corona porque se necesitan unos boletos especiales.

Imagina que eres uno de los estudiantes de la maestra Bolt. Escribe una carta a tu maestra para explicarle si crees que la clase debería o no hacer otra excursión y subir hasta la corona. Después de plantear tu opinión, asegúrate de explicar por qué es esa tu opinión. Usa datos y detalles del texto para apoyar tu opinión. No olvides usar algunas de las palabras del Vocabulario crítico en tu escritura.

PLANIFICAR

Toma notas sobre la idea principal y los detalles importantes de la visita a la estatua de la Libertad. Subraya los detalles que puedes usar como razones para apoyar tu opinión.

ESCRIBIR

Ahora escribe tu carta de opinión a tu maestra explicando por qué crees que la clase debería o no hacer otra excursión a la estatua de la Libertad.

Asegúrate de que tu carta

- ☐ plantea tu opinión.
- ☐ indica las razones que apoyan tu opinión.
- ☐ usa palabras de enlace como *porque*, *por tanto* y *puesto que* para conectar opiniones y razones.
- ☐ tiene una sección de cierre.

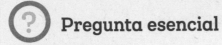

? Pregunta esencial

¿Cómo los lugares, documentos y símbolos históricos representan a nuestra nación?

Escribir un artículo informativo

TEMA PARA DESARROLLAR Piensa en lo que aprendiste sobre nuestra nación en este módulo.

Imagina que formas parte de un equipo que va a hacer una exposición para dar información acerca de los Estados Unidos. Escribe un artículo sobre un lugar, documento o símbolo para la exposición. Usa evidencias de los textos y el video para explicar por qué la exposición representa a nuestra nación.

Voy a escribir sobre _____.

✓ Asegúrate de que tu artículo informativo
☐ presenta el tema.
☐ incluye datos, definiciones y detalles de los textos y el video.
☐ agrupa las ideas relacionadas.
☐ usa palabras de enlace, como *otro* y *pero*.
☐ tiene una conclusión o enunciado de cierre claro.

Después de elegir el tema, decide qué información sobre el mismo quieres incluir. Repasa tus notas, los textos y el video para obtener ideas.

Usa la tabla de abajo para planificar tu artículo. Escribe una oración con la idea principal que plantee el punto clave que quieres explicar. Luego usa evidencias de los textos y el video para dar más información sobre la idea principal. Usa las palabras del Vocabulario crítico siempre que sea posible.

Mi tema: _____

Idea principal

Detalle	Detalle	Detalle

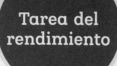
HACER UN BORRADOR ·· **Escribe tu artículo.**

Usa la información que escribiste en el organizador gráfico de la página 293 para hacer un borrador de tu artículo informativo.

Presenta el tema con un enunciado claro sobre tu idea principal. Atrae la atención de los lectores de forma que quieran saber más.

Escribe un **párrafo central** para cada detalle de apoyo. Incluye datos, definiciones y ejemplos de los textos y el video para explicar cómo los detalles apoyan la idea principal.

Termina resumiendo la idea principal y los detalles de apoyo.

.... **Revisa tu borrador.**

Los pasos de revisión y edición te dan la oportunidad de observar detenidamente tu escritura y hacer cambios. Trabaja con un compañero y determina si has explicado tus ideas con claridad a los lectores. Usa estas preguntas como ayuda para evaluar y mejorar tu artículo informativo.

PROPÓSITO/ ENFOQUE	ORGANIZACIÓN	EVIDENCIA	LENGUAJE/ VOCABULARIO	CONVENCIONES
☐ ¿Sabrán los lectores cuál es mi tema desde el principio? ☐ ¿Me he mantenido en el tema?	☐ ¿Comienzo con una idea principal clara? ☐ ¿He incluido una conclusión fuerte?	☐ ¿Apoyé mis ideas con evidencias de los textos? ☐ ¿Necesito agregar más evidencias?	☐ ¿Usé palabras de enlace para conectar las ideas? ☐ ¿Usé palabras relacionadas con el tema?	☐ ¿Usé letra mayúscula al principio de las oraciones? ☐ ¿Usé sangría al principio de cada párrafo? ☐ ¿Usé los tiempos verbales correctamente?

PRESENTAR .... **Comparte tu trabajo.**

Crear la versión final Elabora la versión final de tu artículo. Puedes incluir fotografías o ilustraciones que muestren tu tema. Considera estas opciones para compartir tu trabajo.

1 Junta tu artículo con los de tus compañeros para crear una exposición sobre los Estados Unidos para la biblioteca de la escuela.

2 Lee tu artículo ante la clase. Invita a tus compañeros a comentar y hacer preguntas.

3 Publica tu artículo en el sitio web de la escuela o la clase. Pide a los lectores que compartan sus preguntas y comentarios.

Cuentos en escena

"El teatro es la poesía que se levanta del libro y se hace humana".

— Federico García Lorca

? Pregunta esencial

¿Por qué algunos cuentos se narran mejor si se representan en el escenario?

Video de
Mentes curiosas
▶

297

Palabras acerca de obras de teatro

Las palabras de la tabla de abajo te ayudarán a hablar y escribir sobre las selecciones de este módulo. ¿Cuáles de las palabras acerca de obras de teatro ya has visto antes? ¿Cuáles son nuevas para ti?

Completa la Red de vocabulario de la página 299. Escribe sinónimos, antónimos y palabras y frases relacionadas para cada palabra.

Después de leer cada selección del módulo, vuelve a la Red de vocabulario y añade más palabras. Si es necesario, dibuja más recuadros.

PALABRA	SIGNIFICADO	ORACIÓN DE CONTEXTO
audición (sustantivo)	Cuando los actores o los músicos van a una audición, hacen una actuación para demostrar lo que pueden hacer.	Tengo una audición para el papel principal en nuestra obra de teatro de la escuela.
ensayar (verbo)	Para ensayar una obra de teatro, una canción o un baile, practicas muchas veces para prepararte.	El maestro de teatro ayudó a los estudiantes a ensayar sus papeles antes del estreno de la obra.
habilidad (sustantivo)	Si tienes la habilidad de hacer algo, lo puedes hacer porque sabes cómo hacerlo.	Tengo la habilidad de representar muchos personajes diferentes.
actor (sustantivo)	Un actor es una persona que interpreta un papel en obras de teatro, películas u otras actuaciones.	Mi sueño es ser actor y actuar en obras de teatro, películas y musicales.

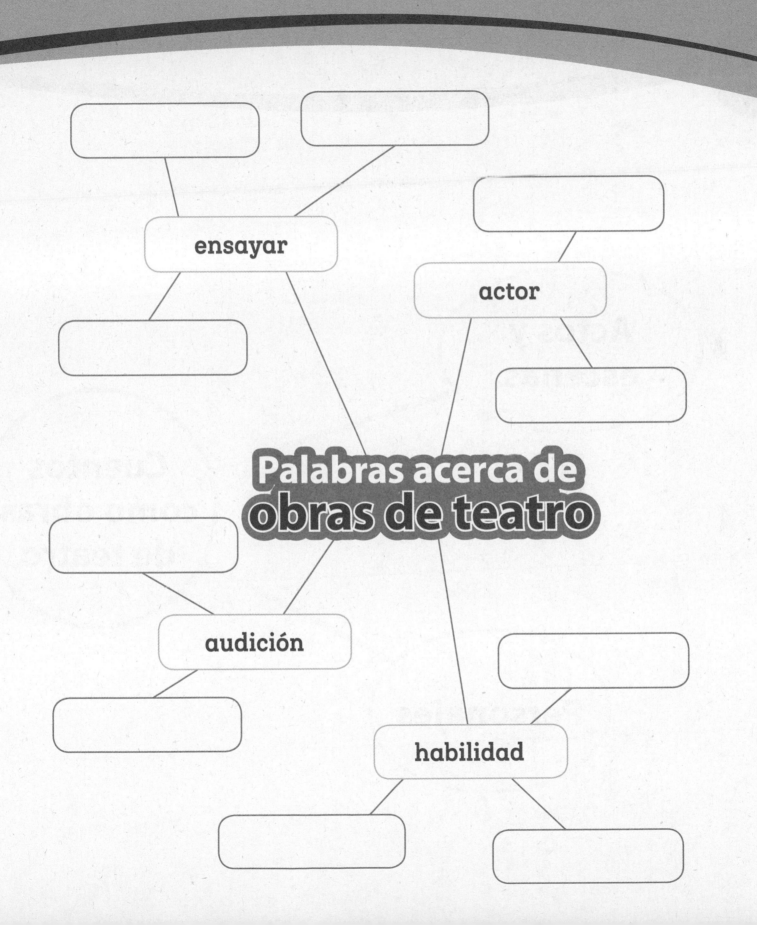

ensayar

actor

Palabras acerca de
obras de teatro

audición

habilidad

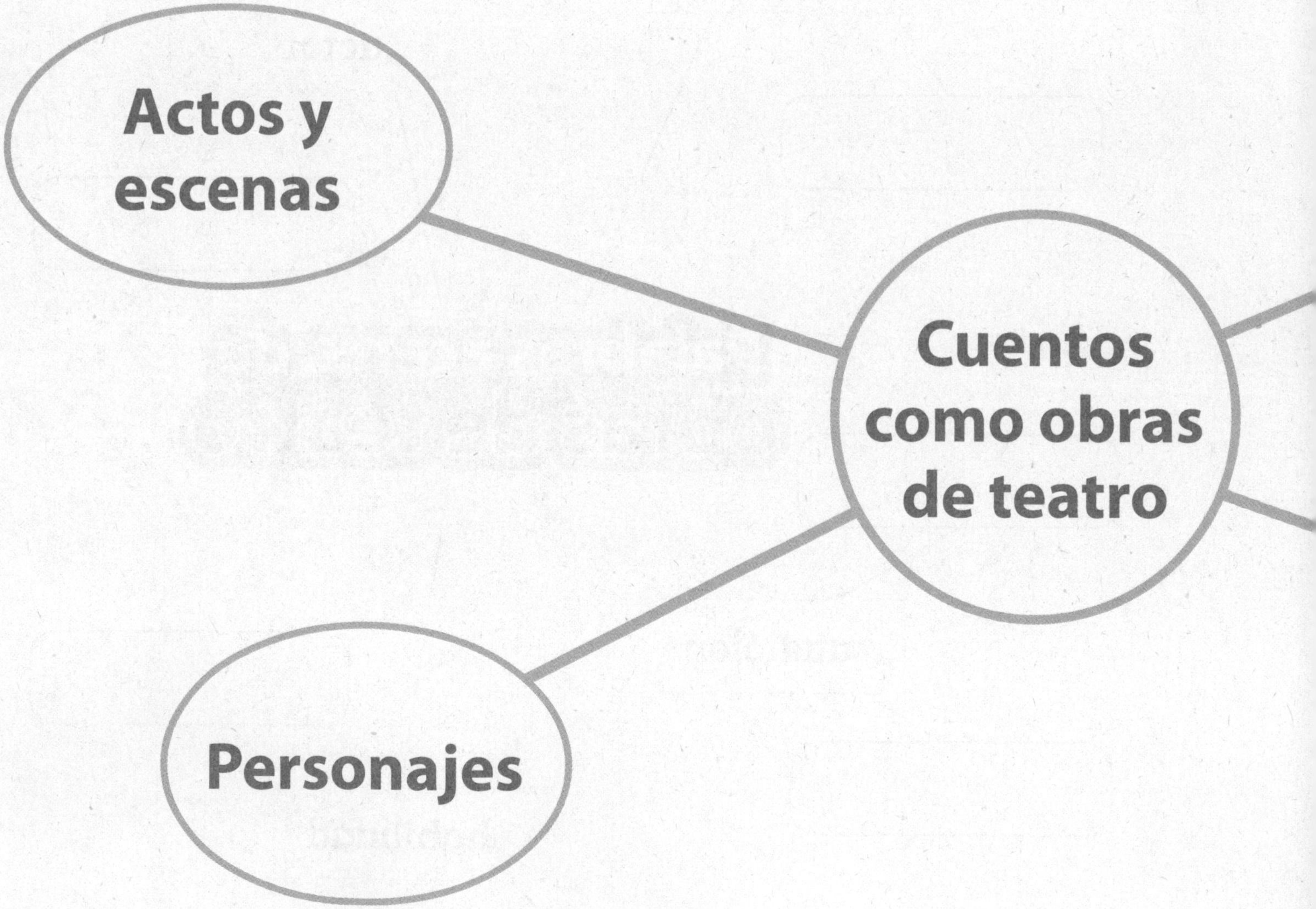

Actos y escenas

Cuentos como obras de teatro

Personajes

**Ambiente
y escenarios**

Audiencia

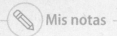
¡Eso es ENTRETENIMIENTO!

1   Todos los que hayan visto una buena obra de teatro estarán de acuerdo en que el teatro es una de las formas de entretenimiento más emocionantes. No hay mayor satisfacción que ver cómo actores capacitados dan vida a una historia en el escenario.

2   En la audición, cada actor debe esforzarse por ganarse el papel de uno de los personajes. Luego, los actores deben ensayar. Les toma semanas aprenderse el papel que les toca interpretar.

3   Leen el guion y practican sus diálogos, que son las palabras que dicen en el escenario. También siguen las direcciones de escena, que les dicen cómo actuar y moverse en el escenario.

4   Mientras, los tramoyistas construyen los decorados del escenario para mostrar los diferentes ambientes de la obra de teatro. Los decorados incluyen accesorios como mobiliario o fondos pintados. Cada acto o escena es como un capítulo de un cuento y puede requerir un decorado diferente. Los diseñadores de vestuario son responsables de la ropa que vestirán los actores. El director supervisa todo el trabajo.

5   La obra de teatro *Peter Pan* es una de las mejores puestas en escena. Con un guion excepcional, papeles emocionantes y decorados coloridos, ¡esta obra de teatro lo tiene todo! Fue escrita por J. M. Barrie y se interpretó por primera vez en 1904.

6　　Hoy en día sigue siendo muy popular. Barrie combina fantasía y realidad para contar un cuento irresistible. El protagonista es un niño que nunca crece. ¡Y puede volar! Peter vive aventuras en el país de Nunca Jamás, donde también viven sirenas, hadas y otros personajes fantásticos. Peter

también conoce a niños comunes, pero a diferencia de Peter, estos niños sí crecen.

7　　La obra de teatro permite que los escenógrafos creen fondos impresionantes. Hay un barco altísimo para el capitán Garfio, el pirata de Nunca Jamás. La casa de Peter parece como un cuento de hadas hecho realidad. Los diseñadores de vestuario de *Peter Pan* crean trajes de pirata que meten miedo. También elaboran vestidos de hadas brillantes. Tanto Peter como Campanilla, un hada que es la mejor amiga de Peter, "vuelan" por el escenario. ¿Cómo lo hacen? Con cables y un arnés. ¡El público queda maravillado!

8　　*Peter Pan* también les ofrece papeles fantásticos a los actores. El papel protagonista de Peter Pan requiere un actor que pueda mostrar diferentes emociones. ¡No puede tenerle miedo a las alturas! El capitán Garfio debe ser gracioso y malvado a la vez. Wendy, una niña que se hace amiga de Peter, debe ser agradable y simpática.

9　　Además, *Peter Pan* necesita un director talentoso. El director debe encargarse de que los cambios de decorado se ejecuten bien. El director también debe tener la habilidad para asesorar a los actores y hacer que brillen en el escenario.

10　　Si juntas todos estos elementos, disfrutarás de una emocionante tarde en el teatro. ¡No existe mejor entretenimiento que el que nos ofrece *Peter Pan!*

Observa y anota
Contrastes y contradicciones

Prepárate para leer

ESTUDIO DEL GÉNERO. Un **drama** u **obra de teatro** es un cuento o historia que puede ser representada para una audiencia.

- Los autores de las obras de teatro cuentan la historia a través de la trama.

- Las obras de teatro comienzan con la lista de los personajes.

- Los autores de las obras de teatro suelen contar la historia en orden cronológico, que es el orden en el que ocurrieron los acontecimientos.

- Las obras de teatro se componen de líneas de diálogo.

ESTABLECER UN PROPÓSITO **Piensa en** el título y el género de este texto. Esta obra de teatro está basada en un cuento fantástico sobre Pecos Bill. ¿Qué sabes sobre los cuentos fantásticos? ¿Qué te gustaría aprender? Escribe tu respuesta abajo.

Desarrollar el contexto:
Características de los cuentos fantásticos

VOCABULARIO CRÍTICO

auténtico

saga

enrolló

domar

remolinó

La SAGA de ★ PECOS BILL ★

escrito por **Anthony D. Fredericks**
ilustrado por **Cory Godbey**

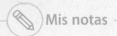

1 **AMBIENTACIÓN.** Los cuatro narradores deben estar sentados en banquetas o sillas altas. Cada uno debe tener su guion en un atril. Los demás personajes (algunos de ellos solo tendrán unas líneas) pueden estar de pie o caminando por el escenario.

PERSONAJES

2
Narrador 1	Pecos Bill	Vaquero 1
Narrador 2	Puma	Vaquero 2
Narrador 3	Ma	
Narrador 4	Pa	

3 **NARRADOR 1.** Como todos saben, Texas es un estado muy grande. En realidad, es el segundo estado más grande de todos. Como es un estado tan grande, tiene héroes grandes. Y el héroe más grande de todos fue Pecos Bill, el rey de los vaqueros.

4 **NARRADOR 2.** Pecos Bill no nació en Texas. No, señor. Nació en algún lugar al este del país en una familia grande de 15 o 20 niños. Pecos Bill tenía tantos hermanos que sus padres no se sabían los nombres de todos sus hijos.

5 **NARRADOR 3.** Pues según cuenta la historia, Bill, como todos los niños, quería un oso de peluche. Pero sus padres eran tan pobres que no podían comprarle un peluche a Bill. Y por esa razón, Bill decidió salir a buscarlo él mismo. Un día se bajó de la cuna y se fue al bosque. En el bosque, Bill encontró un oso pardo auténtico, lo cargó y se lo llevó a su casa. Para entonces parecía que Bill iba a ser un poco diferente a los demás.

auténtico Si algo es auténtico, es real y exactamente lo que parece ser.

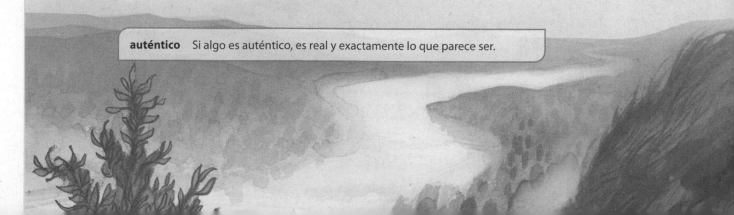

6   **NARRADOR 4.** Nuestra saga comienza un día en que los padres de Bill escuchan rumores sobre tierras nuevas en el lejano Oeste. Decían que había muchísima tierra... como para familias grandes de 15 o 20 hijos.

7   **PA.** Oye, Ma, he escuchado que hay muchísimos terrenos en el Oeste para familias grandes con muchos hijos.

8   **MA.** ¿Quieres decir familias como la nuestra, con tantos niños que no nos sabemos sus nombres?

9   **PA.** ¡Sí!

10 **MA.** ¿Y qué esperamos para ponernos en camino hacia el Oeste y construirnos una casa gigante para todos nuestros hijos?

11 **PA.** ¡Me parece una gran idea!

12 **NARRADOR 1.** Y así fue como Pa y Ma agarraron a todos sus hijos y a todos los animales y los subieron a la diligencia y se pusieron en marcha hacia el lejano Oeste.

13 **NARRADOR 2.** Pero la diligencia dio un salto cuando cruzaba la frontera entre Arkansas y Texas y Bill se cayó del coche y fue a parar a la orilla del camino.

> **saga**   Una saga es un relato largo y detallado de sucesos heroicos.

14 **NARRADOR 3.** Como había tantos niños y animales en la diligencia, nadie notó la ausencia de Bill hasta después de una semana. Ya era tarde para regresar a buscarlo. Los padres de Bill pensaron que, si un bebé podía atrapar a un oso pardo, sin lugar a dudas, podría sobrevivir en las tierras silvestres de Texas.

15 **NARRADOR 4.** Y sucedió que Bill se las arregló de maravilla. Después de caer del coche, gateó hasta una cueva de coyotes y allí se quedó dormido. La mamá coyote le tomó cariño a Bill y comenzó a criarlo como un hijo. Bill aprendió todo sobre la vida de un coyote. Aprendió a aullarle a la luna, a cazar conejos y a pelear con los demás coyotes de la madriguera. En muy poco tiempo, Bill era otro coyote.

16 **NARRADOR 1.** Un día, Bill estaba tomando agua del río Pecos junto con los demás coyotes, cuando un vaquero lo vio.

17 **VAQUERO 1.** ¡Caramba! Tomas agua como si fueras un coyote.

18 **PECOS BILL.** Eso es lo que soy, un coyote. ¿Nunca habías visto un coyote?

19 **VAQUERO 1.** Claro que sí. Pero tú no pareces un coyote. Pareces más un humano que un coyote.

20 **PECOS BILL.** Pues soy un coyote. Tengo pulgas como los coyotes, ¿las ves?

21 **VAQUERO 1.** Eso no quiere decir que eres un coyote. ¿Dónde está tu cola? Todos los coyotes tienen cola.

22 **NARRADOR 2.** Entonces, Bill se miró buscando la cola. En aquel momento, por primera vez en su vida, se dio cuenta de que no tenía cola.

23 **PECOS BILL.** No tengo cola como mis hermanos. Pero si no soy un coyote, ¿entonces qué soy?

24 **VAQUERO 1.** Eres un humano.

25 **NARRADOR 3.** Pecos Bill empezó a gruñir como le había enseñado mamá coyote. Pero, en lo más profundo de su corazón, supo que no era un coyote. Por eso pensó que debía irse con el vaquero y comenzar a comportarse como los humanos.

26 **NARRADOR 4.** Bill comenzó a caminar junto al vaquero. No habían ido muy lejos cuando, de repente, un puma saltó de una colina sobre la espalda de Bill. Sin pensarlo, Bill se levantó y echó el puma al suelo tan rápido como puedan imaginarse.

27 **PECOS BILL.** ¿Te rindes, bestia?

28 **PUMA.** Sí, me rindo.

29 **PECOS BILL.** Pues ahora que tus días de caza han terminado y, como debo comportarme más como un humano y menos como un coyote, vas a ser mi caballo.

30 **PUMA.** ¿Un caballo?

31 **PECOS BILL.** Sí, un caballo.

32 **PUMA.** ¿Me vas a poner una montura?

33 **PECOS BILL.** No, solo te voy a montar como se monta un caballo. Pongámonos en marcha.

34 **NARRADOR 1.** Bill se subió a lomos del puma y continuó su camino acompañado del vaquero.

35 **NARRADOR 2.** No habían avanzado ni 10 millas cuando una serpiente de cascabel de 10 pies de largo se abalanzó sobre ellos desde un cactus.

36 **NARRADOR 3.** Bill saltó del lomo del puma y agarró a la serpiente por la cola. Y empezó a darle vueltas y vueltas en el aire. Y mientras la serpiente giraba y giraba, se volvía más y más fina, y más y más larga. Cuando Bill acabó, la serpiente de cascabel de 10 pies medía 30 pies.

37 **NARRADOR 4.** Bill enrolló la serpiente de 30 pies como se enrolla una cuerda y se la colgó del hombro. Desde ese día, los vaqueros siempre llevan con ellos un lazo, del mismo modo que Pecos Bill llevaba una serpiente de 30 pies con él a todas partes.

38 **NARRADOR 1.** Después de aquel suceso, Bill y el vaquero cabalgaron hasta que llegaron a un rancho a la orilla del río Pecos. Los demás vaqueros no sabían qué pensar de Bill, el hombre que montaba un puma y llevaba una serpiente enrollada en el hombro. Pero notaron que era un buen hombre y creyeron que también sería un buen vaquero.

39 **PECOS BILL.** Saludos, amigos. Soy nuevo en estas tierras. Me gustaría aprender a ser vaquero para ayudarlos.

40 **VAQUERO 2.** Bueno, amigo, te puedes quedar todo el tiempo que quieras. Siempre buscamos ayuda, ya que tenemos que ocuparnos de todo el estado de Texas y hay mucho ganado que no podemos perder de vista.

41 **PECOS BILL.** Gracias. ¿Qué quieren que haga ahora?

42 **VAQUERO 2.** Bueno, no creo que haya nada en que puedas ayudarnos ahora. Estamos pasando por la sequía más grande que ha habido en Texas. Hace muchísimos meses que no tenemos agua.

> **enrolló** Una cosa que se enrolló se puso en forma de rollo, o en forma de círculo o anillo.

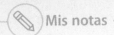

43 **PECOS BILL**. Creo que los puedo ayudar.

44 **NARRADOR 2**. Y diciendo eso, Bill le dio vueltas a su lazo de serpiente de cascabel una y otra vez, y enlazó toda el agua del río Grande. Y desde ese día, se acabaron las sequías.

45 **NARRADOR 3**. Parecía que no había nada que Bill no pudiera hacer. Como aquella vez que hubo un tornado, el más grande y mezquino de la historia de Texas. Bill pensó que la única forma de domar al tornado era montándose en él hasta que se mareara de tantas vueltas y desapareciera.

46 **NARRADOR 4**. Bill esperó hasta que el tornado cruzó la frontera con Oklahoma y disminuyó un poco la velocidad en su paso por Texas. Entonces Bill saltó y se subió a lomos de aquel tornado.

47 **NARRADOR 1**. Al tornado no le gustó ni un poquito que hubiera alguien en sus espaldas. Cambió de color verde a marrón y luego a negro, y comenzó a brincar como si tuviera cien gatos salvajes en su interior. El tornado se agitó y remolinó una y otra vez y otra vez, tratando de librarse de Bill.

48 **PECOS BILL**. ¡Sooo! ¡Aguanta! Soy el vaquero más fuerte y diestro de estas tierras y te voy a domar. No conseguirás librarte de mí. No, señor.

> **domar** Domar a un animal salvaje es amansarlo y enseñarle a hacer lo que quieres.
> **remolinó** Si una cosa remolinó, hizo remolinos, o sea, giró rápidamente.

49 **NARRADOR 2.** El tornado se tornó más mezquino y miserable, y empezó a girar cada vez más rápido. Encorvó la espalda, se retorció, saltó hacia arriba y hacia abajo, tratando de arrojar a Bill al suelo. Con cada vuelta y cada giro, se volvía más violento.

50 **NARRADOR 3.** Llegó a ser tanta su ira que hizo nudos con los ríos y vació los lagos. Bill y el tornado atravesaron Texas de una punta a la otra; el tornado giraba y Bill se aferraba a él como si en ello le fuera la vida. Pero por mucho que lo intentó, el tornado no consiguió librarse de Bill. ¡De ninguna manera! Bill montó ese tornado como si fuera el toro más bravo del rodeo. Le clavó las espuelas y se agarró muy fuerte del torbellino.

51 **NARRADOR 4.** Cuando el tornado se dio cuenta de que no conseguiría librarse de Bill, puso rumbo a California y comenzó a deshacerse, provocando un diluvio. Llovió tanto que el Gran Cañón del Colorado se inundó. El tornado quedó reducido a nada y, cuando alcanzaron el océano Pacífico, ya no era más que una brisa ridícula.

52 **NARRADOR 1.** Bill, al caer, golpeó el suelo con tanta fuerza que la tierra se hundió por debajo del nivel del mar. Desde entonces, los habitantes de la zona llaman a esa parte de California el Valle de la Muerte.

53 **PECOS BILL.** ¡Así se hace! ¡Para que esos tornados aprendan!

54 **NARRADOR 2.** Cuando Bill volvió a Texas, comenzó a limpiar el desastre que el tornado y él habían dejado.

55 **NARRADOR 3.** Texas estaba cubierta de bosques cuando Bill se subió al tornado. Pero ahora, toda la tierra había sido arrasada y no quedaba ni un árbol en pie debido a la fuerza intensa de la batalla campal que Bill y el tornado habían luchado.

56 **NARRADOR 4.** Si visitas Texas hoy, verás grandes campos abiertos por todo el estado, gracias a la batalla campal entre el vaquero más valiente que existió y un tornado mezquino y violento. Pecos Bill fue el mejor vaquero de todos los tiempos… el más temible, el más fuerte y el más valiente de la historia.

Conversación colaborativa

Vuelve a leer lo que escribiste en la página 304. Dile a un compañero lo que aprendiste sobre los cuentos fantásticos. Luego trabaja en grupo y comenta las preguntas de abajo. Busca detalles y ejemplos en *La saga de Pecos Bill* para explicar tus respuestas. Toma notas para responder las preguntas y úsalas cuando hables.

1 Repasa las páginas 306 y 307. ¿Qué detalles comparten los narradores para demostrar que Pecos Bill era "un poco diferente a los demás"?

2 Vuelve a leer las páginas 312 y 313. ¿Qué palabras y frases hacen que el tornado parezca un ser vivo?

3 ¿Qué hizo Pecos Bill que podría hacer una persona real? ¿Qué cosas hizo que no podría hacer una persona real?

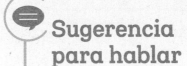

Sugerencia para escuchar

Escucha atentamente cuando hablen los demás. Demuestra que estás prestando atención mirando hacia la persona que habla.

Sugerencia para hablar

Habla con claridad y de forma que todos puedan escucharte. Asegúrate de que no te desvías del tema que se está tratando en el grupo.

Escribir una ficción breve

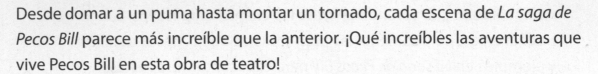

Desde domar a un puma hasta montar un tornado, cada escena de *La saga de Pecos Bill* parece más increíble que la anterior. ¡Qué increíbles las aventuras que vive Pecos Bill en esta obra de teatro!

Escribir un cuento entero en un formato reducido se conoce como ficción breve. Convierte la obra de teatro que acabas de leer en una ficción breve resumiendo los acontecimientos en uno o dos párrafos. Trata de no omitir ninguna escena y recuerda mantener el orden de la secuencia de los acontecimientos. No olvides usar algunas de las palabras del Vocabulario crítico en tu escritura.

PLANIFICAR

Haz una línea de tiempo que resuma los acontecimientos de la obra de teatro. El primer acontecimiento debe mostrarse a la izquierda de la línea de tiempo y el último, a la derecha.

ESCRIBIR

Ahora escribe tu ficción breve que resuma los acontecimientos de la obra de teatro en uno o dos párrafos.

✓ Asegúrate de que tu ficción breve

☐ vuelve a contar todas las escenas de la obra de teatro.

☐ mantiene la misma secuencia de acontecimientos.

☐ usa diversos tipos de oraciones para que el cuento sea interesante.

☐ usa palabras como *luego*, *después* y *finalmente* para la transición entre acontecimientos.

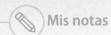
Prepárate para ver un video

ESTUDIO DEL GÉNERO ▶ Los **videos informativos** presentan datos e información sobre un tema con elementos visuales y audio.

- Un narrador explica lo que ocurre en pantalla.
- Los videos informativos pueden incluir palabras específicas de un tema, como el teatro.
- Los videos informativos pueden incluir elementos visuales y de sonido, como fotografías, efectos de sonido y música de fondo.

ESTABLECER UN PROPÓSITO ▶ **Mientras miras el video,** usa lo que has aprendido sobre las obras de teatro para que puedas comprender el video. ¿En qué se diferencia el escenario del teatro del escenario de tu escuela? ¿Por qué ayuda el escenario a que una obra de teatro parezca real? Escribe tus respuestas abajo.

VOCABULARIO CRÍTICO

actuación

Barroco

telón

poleas

**Desarrollar el contexto:
Oficios del teatro**

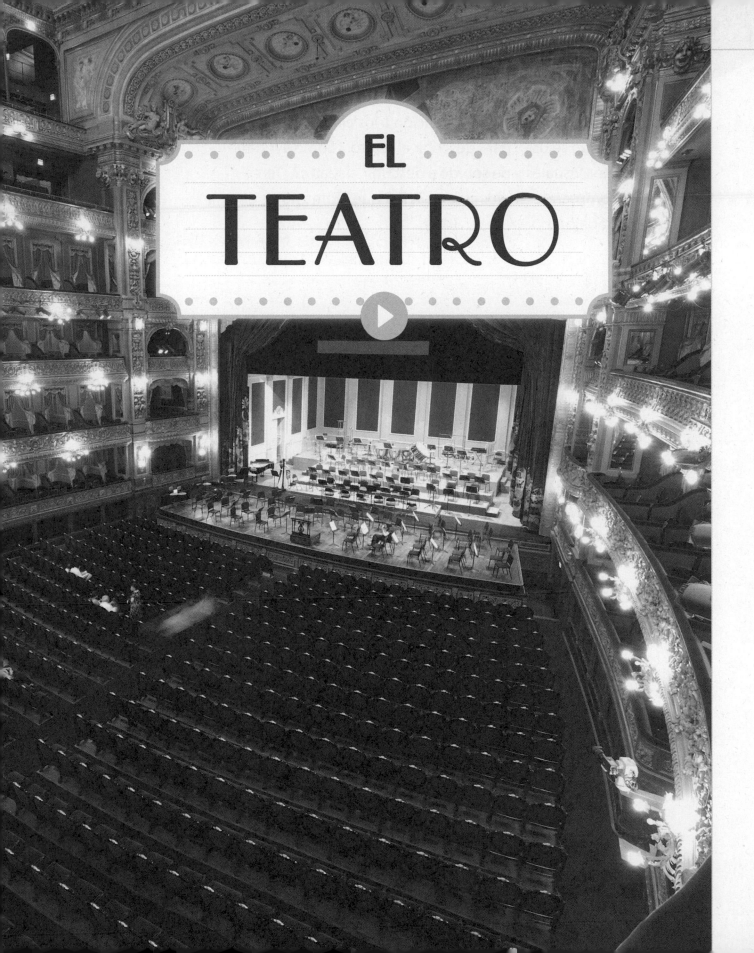

EL TEATRO

Mientras miras *El teatro*, presta atención a los elementos visuales y de sonido que se usan para describir el teatro. ¿Cómo ayudan los elementos visuales y de sonido a describir el teatro? ¿Te ayudan a comprender mejor el tema? ¿Por qué? Toma notas en el espacio de abajo.

Presta atención a las palabras del Vocabulario crítico *actuación*, *Barroco*, *telón* y *poleas*. Busca pistas para descubrir el significado de cada palabra. Toma notas en el espacio de abajo sobre cómo se usaron.

actuación   Cantar, bailar o actuar ante un público son formas de actuación.

Barroco   El Barroco es un periodo histórico que se desarrolló durante los siglos XVII y XVIII. Los edificios de esa época eran muy elegantes y tenían muchas decoraciones.

telón   En un escenario, el telón es una cortina que separa el escenario de la sala.

poleas   Las poleas son ruedas con una cuerda alrededor del borde, que las personas pueden usar para levantar objetos pesados.

Conversación colaborativa

Trabaja en grupo y comenta las preguntas de abajo. Busca ejemplos en *El teatro* para apoyar tus ideas. Toma notas para responder las preguntas. Establece contacto visual con los demás integrantes de tu grupo durante la conversación.

1. ¿Qué relación tiene el significado de la antigua palabra griega *théatron* con lo que significa el teatro en la actualidad?

2. ¿Por qué crees que América Latina es sede de algunos de los teatros más famosos y prestigiosos del mundo?

3. ¿Qué tipo de trabajo realizan el escenógrafo, el iluminador y el tramoyista?

Sugerencia para escuchar

Escucha atentamente a los demás integrantes de tu grupo. ¿Coinciden sus ideas con las tuyas o cambia tu manera de pensar lo que ellos dicen?

Sugerencia para hablar

Mira a los demás integrantes de tu grupo mientras hablas. Comprueba si comprenden lo que dices. ¿Necesitas hablar con más claridad o explicar algo más sobre una idea?

Escribir una guía de viaje

TEMA PARA DESARROLLAR

En *El teatro*, tuviste la oportunidad de conocer algunos de los teatros más prestigiosos de América Latina.

Una forma de conocer un poco los lugares que pensamos visitar es mediante la lectura de guías de viaje. Las guías de viaje ofrecen datos y detalles sobre un lugar para ayudar a los visitantes a elegir dónde quieren ir y qué quieren ver. Imagina que vas a ayudar a escribir sobre la ciudad de México. Escribe un párrafo que hable sobre el teatro y el Palacio de Bellas Artes para incluirlo en la guía de viaje de la ciudad.

PLANIFICAR

Escribe una idea principal del video sobre el teatro. Luego, haz una lista con algunos detalles que apoyen la idea principal.

Ahora escribe tu guía de viaje sobre el teatro.

Asegúrate de que tu guía de viaje

☐ identifica una idea principal del video.

☐ incluye detalles de apoyo del video.

☐ está escrita en forma de párrafo.

☐ tiene un enunciado de cierre.

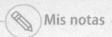

Observa
y anota
Palabras sabias

Prepárate para leer

ESTUDIO DEL GÉNERO ▸ Un **drama** u **obra de teatro** es un cuento o historia que puede ser representada para una audiencia.

- Las obras de teatro comienzan con el reparto, o la lista de los personajes.

- Las obras de teatro incluyen direcciones de escena y actos o escenas.

- Las obras de teatro se componen de líneas de diálogos. Los autores usan lenguaje informal para hacer que la conversación parezca real.

- Algunas obras de teatro incluyen un mensaje o una lección.

ESTABLECER UN PROPÓSITO ▸ **Piensa en** el título y el género de este texto. Esta obra de teatro se basa en un cuento clásico italiano. ¿Qué sabes sobre los cuentos clásicos? ¿Qué te gustaría aprender? Escribe tu respuesta abajo.

Desarrollar el contexto:
Cuentos clásicos con anillos mágicos

VOCABULARIO CRÍTICO

eminente

pobretón

imponente

embaucarme

superior

compasivo

Gigi y el anillo mágico

adaptación de un cuento de hadas italiano

ilustraciones de Sumi Collina

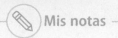

Reparto

Narrador	Gigi
Mamá de Gigi	Anciana
Perro	Gato
Camarero	Maliarda
Ratón	Tres sirvientes

Ambientación

2. Una casita en un bosque. De fondo, un bosque y una casa que tiene una cortina como puerta.

Accesorios

3. Un saco pesado, un anillo dorado, 4 sillas, una mesa pequeña y una capa elegante

Trajes

4. Los personajes humanos visten trajes de estilo medieval. Los personajes que son animales deben llevar máscaras de animales y abrigos de pelo.

ACTO I

ESCENA I

5. (Fondo de bosque. Hay una silla en la parte delantera derecha del escenario. Se encienden las luces totalmente. El NARRADOR entra por la izquierda y se sienta en la silla).

6. **NARRADOR.** Había una vez en Italia un joven llamado Gigi.

7. (GIGI entra por la izquierda y camina hasta el centro del escenario).

8. **NARRADOR.** Gigi vivía en una casita con su mamá. Pero un día decidió marcharse y viajar por el mundo.

9. (Fuera del escenario) **MAMÁ DE GIGI.** ¡Gigi! ¿Adónde vas?

10   (La MAMÁ DE GIGI entra por la izquierda).

11   **MAMÁ DE GIGI.** ¡Gigi! ¿Por qué me abandonas?

12   **GIGI.** Mamá, quiero ver el mundo y vivir aventuras, reunir una fortuna y todas esas cosas.

13   **MAMÁ DE GIGI.** Gigi, me rompes el corazón.

14   **GIGI.** ¡No te preocupes, mamá! No es que vaya a quedarme atrapado en la cima de una montaña. ¡Eso sería absurdo! Antes de que te des cuenta, estaré de vuelta con ropas elegantes y un saco lleno de oro, y podremos vivir felices para siempre.

15   **MAMÁ DE GIGI.** Oh, Gigi. El oro y las ropas elegantes no te harán feliz si no tienes un buen corazón. ¿Recuerdas lo que te dije?

16   **GIGI.** ¿No corras con las tijeras en la mano?

17   **MAMÁ DE GIGI.** ¡No, bobo! Te dije que solo recibes de las personas lo mismo que les das.

18   **GIGI.** Claro, mamá. Lo recordaré siempre. ¡Adiós!

19   **MAMÁ DE GIGI.** ¡Hasta la vista, hijo mío!

20   (La MAMÁ DE GIGI sale por la izquierda. GIGI camina en círculos alrededor del escenario en el sentido de las agujas del reloj, terminando en el centro del escenario. Las luces se apagan).

ESCENA 2

21 (Se encienden las luces. El NARRADOR entra por la izquierda y se sienta en la silla. GIGI está parado en el centro del escenario y luego camina en círculos alrededor del escenario).

22 **NARRADOR.** Gigi se marcha para vivir aventuras, reunir una fortuna y todas esas cosas. Después de muchas horas, se encuentra con una mujer en el camino.

23 (La ANCIANA, el PERRO y el GATO entran por la derecha. La ANCIANA lleva un saco grande sobre el hombro).

24 **GIGI.** ¡Hola! Soy Gigi. Permítame que le ayude con ese saco.

25 (GIGI agarra el saco).

26 **ANCIANA.** Muchas gracias, joven. Mi espalda estaba a punto de romperse.

27 (GIGI, la ANCIANA, el GATO y el PERRO caminan lentamente hacia la parte delantera izquierda. GIGI deja el saco).

28 **ANCIANA.** Tu amabilidad merece amabilidad a cambio. Por favor, toma mi gato y mi perro. Si les muestras lealtad, serán tus amigos más fieles.

29 **GIGI.** ¡Vaya! Muchas gracias. Hola, Gato.

30 **GATO.** ¡Miau!

31 **GIGI.** Hola, Perro.

32 **PERRO.** ¡Guau!

33 **ANCIANA.** Toma también este anillo.

34 (La ANCIANA entrega un anillo de oro a GIGI).

35 **GIGI.** ¡Es hermoso!

36 **ANCIANA.** No es un simple anillo hermoso. Si alguna vez necesitas
algo, póntelo, pide un deseo y dale vueltas alrededor del dedo.

37 **GIGI.** ¿Entonces qué pasará?

38 **ANCIANA.** ¡Ya lo verás! Te daré otro consejo antes de irme: no le cuentes nunca a nadie lo del
anillo. Si lo haces, solo te traerá problemas.

39 (La ANCIANA sale por la izquierda).

40 **GIGI.** ¡Qué anciana más agradable! Extraña, pero agradable. Bueno, chicos. ¡Vámonos!

41 **GATO.** ¡Miau!

42 **PERRO.** ¡Guau!

43 (GIGI, el PERRO y el GATO salen por la derecha. Las luces se apagan).

ACTO II
ESCENA 3

44 (Se encienden las luces. En el fondo un bosque. El NARRADOR está sentado en la silla en
la parte delantera derecha).

45 **NARRADOR.** Gigi y sus nuevos amigos caminaron durante todo el día. Cuando llegó la noche,
todavía seguían en medio del bosque.

46 (GIGI, el PERRO y el GATO entran por la izquierda con aspecto cansado).

47 **GIGI.** ¡Vaya! Pues sí que hay árboles en Italia. Necesito descansar y comer algo.

48 **GATO.** (sentándose y frotándose las patas) ¡Miiiiiau!

49 **PERRO.** (tirándose al suelo) ¡Guaaaaaaaaaau!

50 **GIGI.** Me pregunto si este anillo funcionará de verdad.

51 (GIGI saca el anillo del bolsillo y se lo pone).

52 **GIGI.** Bien. Deseo un plato enorme de macarrones con queso.

53 **GATO.** Pide también un atún gigante para mí.

54 **GIGI.** ¡Claro! (Lo mira dos veces). ¡Sabes hablar!

55 **GATO.** ¿Qué pasa? ¿No habías visto nunca un gato que habla?

56 **GIGI.** No, la verdad es que no. ¿Por qué no has dicho nada hasta ahora?

57 **PERRO.** (levantándose) Tampoco preguntaste.

58 **GIGI.** ¿Tú también sabes hablar?

59 **PERRO.** Tienes un anillo que concede deseos. ¿Por qué te sorprende tanto que los animales hablen?

60 **GIGI.** ¡Vaya! Parece que estuviera en una especie de cuento de hadas.

61 **GATO.** Algo así.

62 **PERRO.** Por cierto, yo quiero un hueso delicioso y jugoso.

63 **GIGI.** ¡De acuerdo! Deseo un plato enorme de macarrones con queso, un atún gigante y un hueso delicioso y jugoso.

64 (GIGI da vueltas al anillo en el dedo. Suena el efecto de una flauta de émbolo. Entran un CAMARERO y tres SIRVIENTES por la izquierda, y colocan una mesa y tres sillas en el centro del escenario. GIGI, el GATO y el PERRO se sientan. El CAMARERO y los tres SIRVIENTES salen por la izquierda. Vuelven a entrar y colocan tres platos delante de GIGI, el GATO y el PERRO, y salen por la izquierda. GIGI, el GATO y el PERRO fingen que comen de los platos).

65 **GIGI.** ¡Qué rico está esto!

66 **GATO.** ¡Delicioso!

67 **PERRO.** ¡Sabroso!

68 **NARRADOR.** Mientras los tres amigos comían hasta hartarse, Maliarda, la hija de un noble eminente, caminaba por el bosque.

> **eminente** Una persona eminente es famosa e importante.

69 (MALIARDA entra por la izquierda. Camina hacia la parte delantera izquierda).

70 **NARRADOR.** Todo el mundo estaba de acuerdo en que Maliarda era la muchacha más hermosa de Italia.

71 **GIGI.** ¡Vaya! Es la muchacha más hermosa de Italia.

72 (GIGI mira asombrado a MALIARDA).

73 **GATO.** ¿Gigi?

74 (PERRO agita la pata frente al rostro de GIGI).

75 **GATO.** (gritando) ¡Gigi!

76 **GIGI.** ¡Es tan hermosa! ¿Pero a quién intento engañar? Una muchacha como ella nunca se fijaría en un chico pobretón como yo... ¡Un momento! Tengo el anillo mágico. Pediré ropas hermosas y una gran casa con sirvientes. ¡Le diré que soy de la nobleza! Seguro que así querrá hablar conmigo.

77 **GATO.** ¿Estás seguro de que es una buena idea?

78 **PERRO.** No está bien mentir a los demás, Gigi.

79 **GIGI.** ¡No pasa nada! Deseo un traje elegante adecuado para la nobleza y una gran mansión con sirvientes.

80 (GIGI da vueltas al anillo en el dedo. Suena el efecto de una flauta de émbolo. El CAMARERO y dos SIRVIENTES entran por la derecha con una hermosa capa y el fondo de la casa. El CAMARERO coloca la capa sobre los hombros de GIGI. Los SIRVIENTES colocan el fondo en la parte trasera central del escenario. El CAMARERO y los SIRVIENTES salen por la derecha).

81 **GIGI.** ¡Eso está mejor! (A Maliarda) ¡Mi *lady*!

82 (GIGI hace una gran reverencia).

83 **MALIARDA.** ¡Oh! Buenos días, señor. ¿Nos conocemos?

84 **GIGI.** No, mi *lady*. Soy... (dudando) lord Gigi.

85 **MALIARDA.** Es un placer conocerlo, mi lord. (Al público) Si él es lord, yo soy la Reina de Inglaterra. (A GIGI) ¿Es esa su imponente casa, mi lord?

86 **GIGI.** ¡Claro que sí! ¿A que es impresionante?

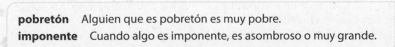

pobretón Alguien que es pobretón es muy pobre.
imponente Cuando algo es imponente, es asombroso o muy grande.

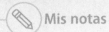

87 **MALIARDA.** Sí, es increíble. (Al público) ¿Cómo puede conseguir una casa como esta un pobretón como él? ¡Debo descubrir su secreto!

88 **GIGI.** ¿Cómo se llama, mi *lady*?

89 **MALIARDA.** Soy Maliarda.

90 **GIGI.** ¡Maliarda! ¡Qué nombre más hermoso!

91 **MALIARDA.** Es demasiado amable, mi lord. (Al público) ¿Este pobretón cree que puede embaucarme? A este juego pueden jugar dos, ¡y yo soy superior a él! (A GIGI) Mi lord, ¿cómo consiguió tal fortuna?

92 **GIGI.** Bueno... es un secreto.

93 **MALIARDA.** ¡Me encantan los secretos! Seguro que es un secreto muy emocionante.

94 **GIGI.** ¡Así es!

95 **MALIARDA.** ¡Cuéntemelo!

96 **GATO.** Acabas de conocer a esta chica, Gigi.

97 **PERRO.** Sí, no confíes en ella.

98 **MALIARDA.** (sorprendida) ¡Qué groseros! Lord Gigi, ¿va a dejar que sus animales me insulten así? ¡Destiérrelos!

> **embaucarme** Si alguien trata de embaucarme, me dice mentiras creyendo que puede hacerme creer algo que no es verdad.
> **superior** Alguien que es superior en algo, tiene más habilidades que otras personas.

99 **GIGI.** Lo lamento si la han ofendido, mi *lady*, pero son mis amigos. No los voy a desterrar.

100 **MALIARDA.** Como guste, lord Gigi. Pero cuénteme su secreto. Prometo que no se lo diré a nadie. ¿Por favor?

101 (MALIARDA pestañea mientras mira a GIGI).

102 **GIGI.** ¡Muy bien, de acuerdo! Este anillo hace que los deseos se hagan realidad.

103 **MALIARDA.** ¡Increíble! ¿Y cómo funciona?

104 **GIGI.** Te lo pones en el dedo así.

105 (GIGI pone el anillo en el dedo de MALIARDA).

106 **PERRO.** No, Gigi, no...

107 **GIGI.** Luego, pides un deseo y le das vueltas alrededor del dedo.

108 **MALIARDA.** Ya veo.

109 (MALIARDA camina hacia la parte delantera central).

110 **MALIARDA.** Muy bien, "lord" Gigi. Pues deseo que usted y sus amigos groseros se vayan a la cima de la montaña más alta de Italia.

111 **GIGI.** ¿Cómo?

112 **PERRO, GATO.** (juntos) ¡No!

113 (MALIARDA da vueltas al anillo. Suena el efecto de una flauta de émbolo. Se apagan las luces. GIGI, el PERRO y el GATO salen por la derecha. Se encienden las luces de nuevo).

114 **MALIARDA.** Estúpido Gigi, gracias por tu estupendo anillo y tu magnífica mansión. (Al público) Si creen que tengo sangre fría, créanme, no lo es tanto como el frío que están pasando ahora mismo Gigi y sus amigos.

115 (MALIARDA sale por la izquierda, riéndose. Las luces se apagan).

ESCENA 4

116 (Un foco apunta al NARRADOR en la silla que hay en la parte delantera derecha del escenario. Un foco apunta a GIGI, al GATO y al PERRO en el centro del escenario. Están acurrucados. Suenan los efectos de sonido de un viento fuerte).

117 **NARRADOR.** Gigi y sus amigos tienen problemas. Por culpa de Maliarda, están en la cima de la montaña más alta de Italia. Sopla un viento helado por los cuatro costados.

118 **GIGI.** (tiritando) ¡Q-q-qué f-f-frío!

119 **PERRO.** No siento el hocico.

120 **GATO.** ¡Tenemos que salir de aquí!

121 **GIGI.** No veo ningún camino para bajar. ¡Estamos atrapados!

122 **GATO.** No hay ningún camino para bajar con dos pies, pero yo tengo cuatro patas. ¡Un gato siempre cae de patas!

123 **PERRO.** Gigi, has sido un buen amigo. Recuperaremos el anillo que tiene Maliarda.

124 (El GATO y el PERRO se mueven hacia la parte delantera izquierda, seguidos por el foco. GIGI sale por la derecha. Se detiene el efecto del sonido del viento).

125 **NARRADOR.** Los amigos leales de Gigi bajaron la montaña. Llegaron a la casa de Maliarda en medio de la noche.

126 (Las luces se encienden totalmente, dejando ver el fondo de la casa en la parte trasera central del escenario).

127 **PERRO.** No veo ninguna luz. Maliarda debe estar durmiendo.

128 (El GATO camina hasta la puerta y finge abrirla).

129 **GATO.** ¡Está cerrada! ¿Y ahora qué?

130 **PERRO.** ¡Tengo una idea! Puedo cavar un hoyo por debajo de la puerta.

131 (El PERRO se coloca a cuatro patas frente a la cortina que hace de puerta y finge cavar. El RATÓN entra por la izquierda y se mueve hacia la parte delantera izquierda, observando al GATO y al PERRO).

132 **GATO.** Vas a necesitar un hoyo muy grande.

133 **PERRO.** ¿Tienes alguna idea mejor?

134 **GATO.** Espera. ¿Qué es eso?

135 (El GATO ve al RATÓN).

136 **RATÓN.** ¡Iiiiiii!

137 (El GATO persigue al RATÓN por la parte delantera del escenario, de izquierda a derecha. El GATO agarra al RATÓN por la oreja).

138 **RATÓN.** ¡Au! ¡Por favor, no me hagas daño!

139 **GATO.** ¡Cállate o te convierto en mi desayuno!

140 **RATÓN.** (en voz baja) ¡Iiiiiii!

141 **PERRO.** No es momento de comer.

142 **GATO.** Esto no es comida, amigo. Es la forma de recuperar el anillo. (Al RATÓN) Escúchame con atención. Vas a ayudarnos. Si lo haces, te dejaremos libre. Si no, ¡tortitas de ratón para desayunar! ¿Comprendes?

143 **RATÓN.** (asintiendo) ¡Sí!

144 **GATO.** Cuélate por debajo de esta puerta. Dentro, hay una muchacha. Encuéntrala. Hay un anillo de oro en el dedo de la muchacha. Tienes que sacárselo y traérnoslo.

145 **RATÓN.** ¿Y después me dejan libre?

146 **PERRO.** (parándose) Sí, ratoncito. Te dejaremos libre.

147 **RATÓN.** Muy bien. Les ayudaré.

148 (El GATO suelta al RATÓN. El RATÓN se arrastra por debajo de la cortina que hace de puerta y por detrás del fondo de la casa).

149 **PERRO.** Bien pensado, Gato.

150 **GATO.** Gracias, Perro.

151 (El RATÓN regresa arrastrándose por debajo de la cortina).

152 **GATO.** ¿Lo tienes?

153 **RATÓN.** ¿Tenía que buscar un anillo?

154 **PERRO.** ¡Sí!

155 **RATÓN.** ¿Un anillo de oro?

156 **GATO.** ¡Sí!

157 **RATÓN.** ¿En el dedo de una muchacha?

158 **GATO, PERRO.** (juntos) ¡Sí!

159 **RATÓN.** No encontré ningún anillo dorado en el dedo de la muchacha.

160 **PERRO.** ¡Oh, no!

161 **GATO.** ¡Pobre Gigi! ¿Cómo vamos a rescatarlo ahora?

162 (El RATÓN muestra un anillo).

163 **RATÓN.** Encontré un anillo de oro en una cadena que la muchacha llevaba al cuello, pero imagino que no es el anillo que buscan.

164 **GATO.** ¡Ese es el anillo que queremos!

165 **RATÓN.** ¡Vaya, qué suerte! Aquí lo tienen.

166 (El RATÓN entrega el anillo al GATO).

167 **PERRO.** Oh, ratoncito bobo, muchas gracias.

168 **RATÓN.** De nada, supongo. Me voy entonces.

169 **GATO.** Adiós, Ratón. ¡Nos volveremos a ver!

170 **RATÓN.** No si puedo evitarlo.

171 (El RATÓN sale por la derecha).

172 **PERRO.** ¡Rápido, usa el anillo para salvar a Gigi!

173 (El GATO se pone el anillo).

174 **GATO.** Deseo que Gigi esté aquí ahora mismo.

175 (El GATO da vueltas al anillo. Suena el efecto de una flauta de émbolo. GIGI entra por la izquierda).

176 **GIGI.** ¡Me han salvado! Muchas gracias, amigos. ¡Si hubiera estado más tiempo en aquella montaña, me hubiera convertido en *gelato*!

177 (GIGI, el GATO y el PERRO chocan los cinco).

178 **PERRO.** Me alegro de verte, Gigi.

179 **GATO.** Yo también. ¿Pero dónde está Maliarda?

180 **GIGI.** Debería probar de su propia medicina. Denme el anillo.

181 (El GATO entrega a GIGI el anillo de oro. GIGI se lo pone en el dedo).

182 **GIGI.** Deseo que Maliarda se vaya a la cima de la montaña más alta de Italia.

183 (GIGI da vueltas al anillo. Suena el efecto de una flauta de émbolo).

184 **MALIARDA.** (desde fuera del escenario) ¡Oh, noooooo!

185 **PERRO.** Gigi, sé que es una persona terrible, pero sería cruel dejar a Maliarda en la cumbre de aquella montaña.

186 **GIGI.** Tienes razón. Voy a ser compasivo. Deseo que Maliarda esté en la mitad de la montaña más alta de Italia.

187 (GIGI da vueltas al anillo. Suena el efecto de una flauta de émbolo).

188 **MALIARDA.** (desde fuera del escenario) ¡Otra vez no!

189 **GIGI.** Mamá tenía razón. Siempre recibes de las personas lo mismo que les das. Yo fui amable con la anciana y ella fue amable conmigo. Yo fui fiel a mis amigos y ellos me fueron fieles a mí. Pero cuando le mentí a Maliarda, ella también me mintió.

190 **GATO.** Bueno, espero que hayas aprendido la lección, Gigi.

191 **GIGI.** ¡Claro que sí!

192 **NARRADOR.** Gigi trajo a su mamá a vivir con él en su nueva mansión.

193 (La MAMÁ DE GIGI entra por la izquierda y abraza a GIGI).

194 **NARRADOR.** Y vivieron felices para siempre.

195 (Se apagan las luces).

FIN

compasivo Alguien que es compasivo es bueno y perdona a los demás.

Conversación colaborativa

Vuelve a leer lo que escribiste en la página 324. Comenta tu respuesta con un compañero. Luego trabaja en grupo y comenta las preguntas de abajo. Busca detalles y ejemplos en *Gigi y el anillo mágico* para explicar tus respuestas. Toma notas para responder las preguntas y úsalas cuando hables. Piensa en formas de agregar detalles nuevos a lo que dicen los demás.

1 Vuelve a leer las páginas 328 y 329. ¿Qué te dicen las palabras y las acciones de Gigi sobre él?

2 Vuelve a leer las páginas 329 a 331. ¿Qué partes de esta escena no podrían ocurrir en la vida real?

3 Repasa las páginas 334 a 337. ¿Qué personaje fue más importante para salvar a Gigi: el Gato, el Perro o el Ratón? ¿Por qué?

Sugerencia para escuchar

Escucha los ejemplos que usa cada hablante. Prepárate para explicar si esos ejemplos apoyan o no tus propias respuestas.

Sugerencia para hablar

Haz preguntas si no comprendes lo que dice el hablante. Indica una palabra o frase exacta que no te haya quedado clara.

Escribir un reportaje noticiero

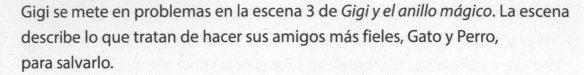

TEMA PARA DESARROLLAR

Gigi se mete en problemas en la escena 3 de *Gigi y el anillo mágico*. La escena describe lo que tratan de hacer sus amigos más fieles, Gato y Perro, para salvarlo.

Imagina que eres reportero del periódico del pueblo de Gigi. Tu tarea consiste en escribir un reportaje noticiero sobre lo que le ocurre a Gigi. Un reportaje noticiero consistente da información que dice quién, qué, cuándo, dónde, por qué y cómo. Usa los detalles de la obra de teatro para responder a estas preguntas mientras escribes tu reportaje. No olvides usar algunas de las palabras del Vocabulario crítico en tu escritura.

PLANIFICAR

Usa la información de la sección Reparto para tomar notas sobre *quiénes* son los personajes más importantes. Usa la información de la sección Ambientación para indicar *dónde* tiene lugar el cuento. Enumera todos los lugares a los que viaja Gigi.

ESCRIBIR

Ahora escribe tu reportaje noticiero sobre lo que le ocurre a Gigi.

✓ Asegúrate de que tu reportaje noticiero

☐ comienza con una oración temática clara.

☐ incluye datos y detalles de la obra de teatro.

☐ dice *quién, qué, cuándo, dónde, por qué* y *cómo*.

☐ usa oraciones completas.

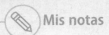
Observa y anota
Contrastes y contradicciones

Prepárate para leer

ESTUDIO DEL GÉNERO   Un **drama** u **obra de teatro** es un cuento o historia que puede ser representada para una audiencia.

- Los autores de las obras de teatro cuentan la historia a través de la trama, que son los acontecimientos principales del cuento.

- Las obras de teatro comienzan con el reparto, o la lista de los personajes.

- Las obras de teatro incluyen direcciones de escena.

- Los autores de las obras de teatro pueden organizar la historia en actos o escenas.

- Algunas obras de teatro incluyen un mensaje o una lección que aprende el personaje principal.

ESTABLECER UN PROPÓSITO   **Piensa en** el título y el género de este texto. Esta obra de teatro se basa en un mito indígena. ¿Qué sabes sobre los mitos? ¿Qué te gustaría aprender? Escribe tu respuesta abajo.

**Desarrollar el contexto:
Características de los mitos**

VOCABULARIO CRÍTICO

vorazmente

vacilación

carga

inadvertido

soñolientos

tranquilizando

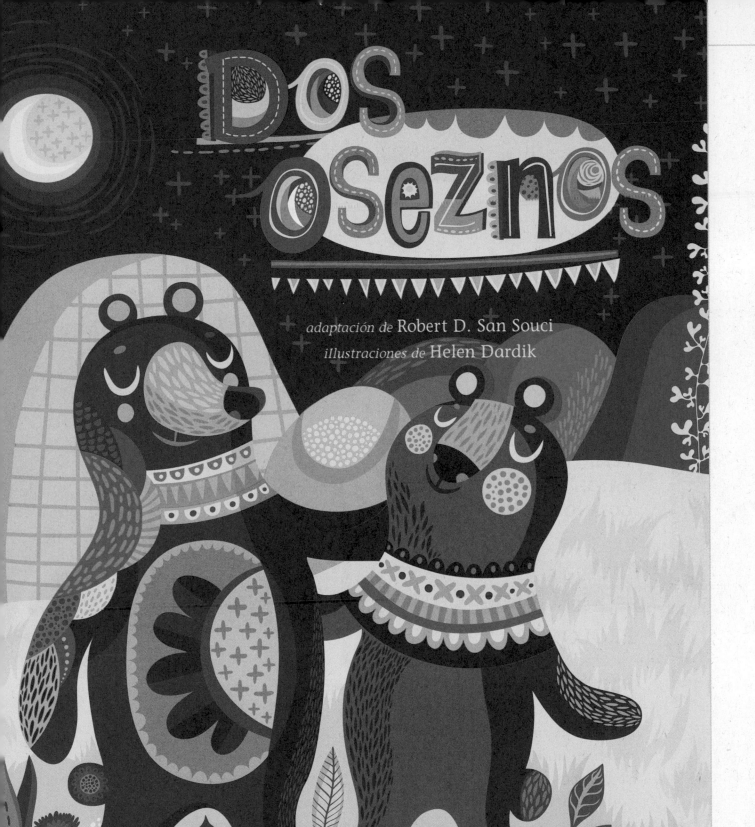

DOS OSEZNOS

adaptación de Robert D. San Souci

illustraciones de Helen Dardik

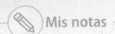
PERSONAJES

1 **NARRADOR**
MAMÁ OSA
HERMANO MAYOR
HERMANO MENOR
HALCÓN
ZORRO
TEJÓN
MAMÁ CIERVA
2 CERVATILLOS
PUMA
RATÓN
GUSANO MEDIDOR (*Tu-Tok-A-Na*)

PRÓLOGO

2 **NARRADOR**. (Entra en escena por la izquierda). Muchas nevadas han pasado desde la primera vez que se contó este cuento. Mi pueblo, los miwok, viven en California. Algunos viven en un lugar llamado Yosemite Valley. Contamos cuentos de tiempos remotos, cuando el valle lo habitaban animales con características humanas. Uno de esos cuentos comienza un día en que Mamá Osa iba camino del río en busca de peces para ella y sus oseznos. (Sale).

ESCENA 1

3 **AMBIENTE.** Un bosque y una montaña a la izquierda del escenario; cielo salpicado de nubes a la derecha. Una tela azul o una cartulina pintada se extiende al frente del escenario, representando un río.

4 (MAMÁ OSA entra por la izquierda con una canasta para los pescados y se detiene a orillas del río. Sus oseznos, HERMANO MENOR y HERMANO MAYOR, entran y comienzan a jugar en el "agua").

5 **HERMANO MAYOR.** (Riendo y salpicando a su hermano) No tengas miedo de un poquito de agua, Hermano Menor.

6 **HERMANO MENOR.** (Salpicando también) No tengo miedo, Hermano Mayor.

7 **MAMÁ OSA.** (Regañándolos) ¡Niños! No espanten a los peces o nos quedaremos sin comida. ¡Salgan del agua ahora mismo! (Los OSEZNOS obedecen, no sin antes salpicarse un par de veces más). Quiero que recojan bayas, pero quédense cerca, no vayan río abajo. Allí ocurren cosas extrañas.

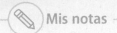

8 (MAMÁ OSA se traslada a la izquierda del escenario; los OSEZNOS, a la derecha, mientras juegan y se empujan uno al otro. Aparece un arbusto de bayas).

9 **HERMANO MAYOR.** Mira estas bayas. (Las toma y se las come vorazmente). Son muy dulces. ¡Pruébalas!

10 **HERMANO MENOR.** Deberíamos llevárselas a Mamá. (Cuando el HERMANO MAYOR no le hace caso, el pequeño comienza también a comer bayas. De pronto, comienza a frotarse el estómago). ¡Comí demasiadas bayas!

11 **HERMANO MAYOR.** Más tarde le llevaremos algunas. ¡Uf! Yo también me harté. (Señalando) Veamos qué hay río abajo.

12 **HERMANO MENOR.** (Preocupado) No deberíamos ir allá.

13 **HERMANO MAYOR.** (Burlándose, se pone en marcha). Yo solo veo el río y árboles y rocas. ¿A qué le vamos a temer?

14 (Luego de un momento de vacilación, HERMANO MENOR lo sigue).

15 **HERMANO MENOR.** (Frotándose los ojos) Estoy cansado. El calor del sol y el estómago lleno me han dado sueño.

16 **HERMANO MAYOR.** (Bostezando) Una siesta nos vendría bien.

vorazmente   Cuando comes algo vorazmente, comes más de lo que necesitas.

vacilación   Una vacilación es una pausa que muestra inseguridad o indecisión para hacer algo.

17 (Una plataforma elevada, decorada semejando una roca, se desliza a escena).

18 **HERMANO MENOR.** (Señalando) ¿Ves esa roca plana grande? Parece tibiecita. Descansemos allí. (Los OSEZNOS se acuestan uno al lado del otro, se estiran y se duermen).

19 **NARRADOR.** (Entra en escena por la izquierda). Los oseznos se quedaron dormidos sobre la roca. Pero la roca era la semilla de una montaña. Mientras ellos dormían, la roca fue creciendo cada vez más grande y más alta. (Girando la mano con un movimiento ascendente, sugiere el crecimiento de la montaña). Los elevó tanto que solo Halcón, que pasaba volando, pudo verlos. (Hace una pausa).

20 (HALCÓN entra en escena por la derecha, batiendo sus brazos como alas. "Vuela" sobre la roca, ve a los OSEZNOS dormidos y se va "volando" del escenario por donde mismo entró).

21 **NARRADOR.** (Continúa). Mientras tanto, Mamá Osa se preguntaba qué habría sido de sus cachorros. (Sale del escenario por la izquierda).

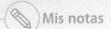

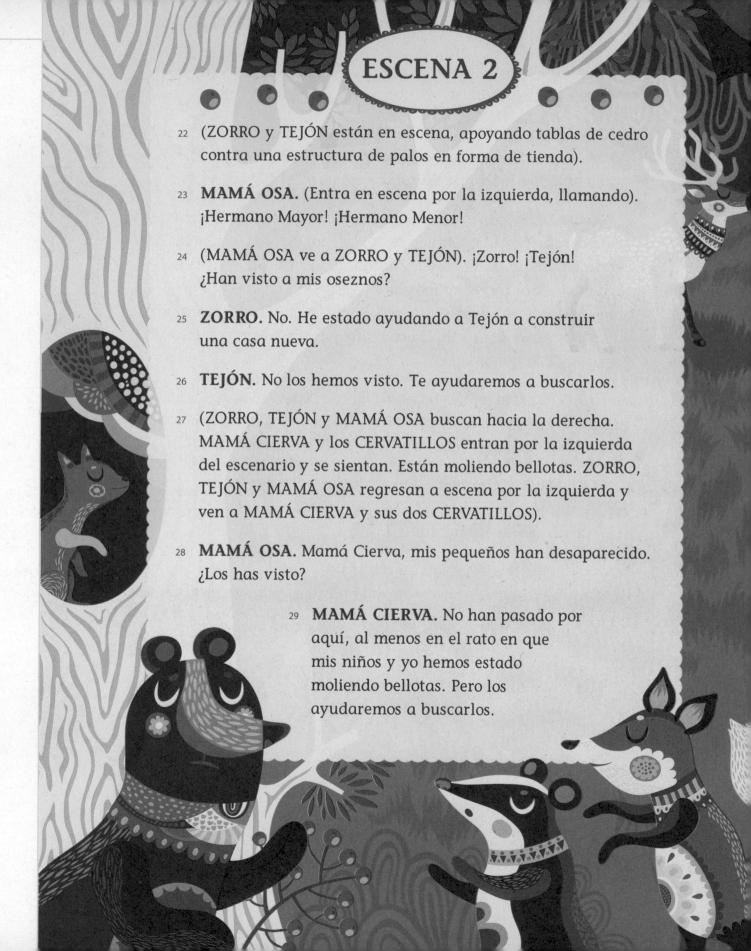

ESCENA 2

22 (ZORRO y TEJÓN están en escena, apoyando tablas de cedro contra una estructura de palos en forma de tienda).

23 **MAMÁ OSA.** (Entra en escena por la izquierda, llamando). ¡Hermano Mayor! ¡Hermano Menor!

24 (MAMÁ OSA ve a ZORRO y TEJÓN). ¡Zorro! ¡Tejón! ¿Han visto a mis oseznos?

25 **ZORRO.** No. He estado ayudando a Tejón a construir una casa nueva.

26 **TEJÓN.** No los hemos visto. Te ayudaremos a buscarlos.

27 (ZORRO, TEJÓN y MAMÁ OSA buscan hacia la derecha. MAMÁ CIERVA y los CERVATILLOS entran por la izquierda del escenario y se sientan. Están moliendo bellotas. ZORRO, TEJÓN y MAMÁ OSA regresan a escena por la izquierda y ven a MAMÁ CIERVA y sus dos CERVATILLOS).

28 **MAMÁ OSA.** Mamá Cierva, mis pequeños han desaparecido. ¿Los has visto?

29 **MAMÁ CIERVA.** No han pasado por aquí, al menos en el rato en que mis niños y yo hemos estado moliendo bellotas. Pero los ayudaremos a buscarlos.

30 (MAMÁ CIERVA y los CERVATILLOS se levantan y se unen a los demás, moviéndose primero hacia la derecha del escenario y luego hacia la izquierda. Se encuentran con PUMA, que lleva una carga de leña).

31 **MAMÁ OSA.** Puma, estamos buscando a mis oseznos.

32 **PUMA.** (Pone su carga en el suelo). Los ayudaré a buscarlos.

33 (TODOS se mueven hacia la derecha del escenario, mientras que RATÓN entra por la izquierda y se sienta. RATÓN está tejiendo una canasta. El grupo que está a la derecha del escenario se mueve hacia la izquierda y se encuentra con RATÓN).

34 **MAMÁ OSA.** Ratón, ¿has visto a mis oseznos? Los hemos buscado por todas partes. Hemos buscado en troncos huecos y en cuevas, en el campo de bayas y en el árbol de la miel.

35 **RATÓN.** (Levantándose) No, pero los ayudaré a buscarlos. Quizás fueron río abajo.

36 **MAMÁ OSA.** Les advertí que no fueran en esa dirección.

37 **MAMÁ CIERVA.** (Dando palmaditas sobre el hombro de MAMÁ OSA y mirando de reojo a sus CERVATILLOS) A veces, nuestros pequeños no escuchan muy bien. Estoy de acuerdo en que deberíamos buscar río abajo.

38 (Los ANIMALES del escenario se mueven lentamente hacia la "montaña").

carga   Una carga es algo pesado de llevar.

349

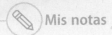
39 **ZORRO.** (Se detiene y señala con el dedo). Miren. Hay una montaña donde antes solo había una roca.

40 (TODOS levantan lentamente la cabeza, recorriendo con la vista la montaña desde la base hasta la cima. En ese momento, entra HALCÓN como antes, batiendo sus alas).

41 **MAMÁ OSA.** Veo a Halcón. (Con las manos alrededor del hocico para que su voz llegue más lejos, grita "hacia arriba"). ¡Halcón!, ¿has visto a mis oseznos?

42 **HALCÓN.** (Gritando "hacia abajo") Están dormidos sobre esta nueva montaña extraña.

43 **MAMÁ OSA.** (Gritando "hacia arriba") Por favor, vuela hacia donde están, despiértalos y ayúdalos a bajar.

44 (HALCÓN, con pantomimas, simula que vuela hacia los OSEZNOS y que el viento de la montaña lo empuja hacia atrás. Luego de varios intentos les habla a los de "abajo").

45 **HALCÓN.** (Gritando "hacia abajo") El viento no me deja llegar hasta ellos. Alguien tendrá que escalar la montaña y rescatarlos.

46 **NARRADOR.** (Entra en escena por la izquierda). Uno a uno, los animales trataron de alcanzar a los oseznos. (Los ANIMALES, con pantomimas, simulan que suben mientras el NARRADOR habla). Mamá Osa lo intentó varias veces, pero siempre caía rodando hacia atrás. Ratón saltó de roca en roca, pero no tardó en asustarse y saltando se regresó. Tejón llegó un poco más alto. Mamá Cierva avanzó un poco más que Tejón. Zorro fue el que más alto escaló. Pero ninguno pudo llegar a la cima. Ni siquiera Puma lo logró.

47 (Cuando MAMÁ OSA ve esto, comienza a sollozar. Las demás criaturas la rodean para consolarla. GUSANO MEDIDOR entra inadvertido).

48 **MAMÁ OSA.** (Con tristeza) Puma, tú eres el mejor escalador y eras mi mayor esperanza. Ya nadie puede salvar a mis oseznos.

49 **GUSANO MEDIDOR.** Yo lo intentaré.

50 (Los demás animales se dan vuelta y lo miran; TODOS, excepto MAMÁ OSA, comienzan a reír).

51 **PUMA.** Gusano Medidor, ¡qué ridículo eres! ¿Piensas que podrás conseguir lo que el resto de nosotros no pudo?

52 **RATÓN.** (En tono desagradable) *¡Tu-tok-a-na!* Tu nombre es más largo que tú.

53 **NARRADOR.** (Aparece en escena por la izquierda). Mi pueblo le ha dado al Gusano Medidor el nombre *Tu-tok-a-na*, que significa "Pequeño Enrolla y Estira", porque se mueve estirándose, *tu*, y luego enrollándose, *tok*, tal como lo hace una oruga.

---

inadvertido   Algo inadvertido no se nota y tampoco se ve.

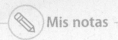
54 **MAMÁ OSA.** (Secándose los ojos) Agradezco tu ayuda.

55 (GUSANO MEDIDOR comienza a subir, exclamando continuamente: "*¡Tu-tok!*". Los demás animales se quedan sentados mirando hacia la montaña, observando a GUSANO que se estira y se enrolla en movimiento ascendente).

56 **GUSANO MEDIDOR.** (En voz muy alta) *¡Tu-tok! ¡Tu-tok!*

ESCENA 3

57 **NARRADOR.** Al cabo de un rato, Gusano Medidor había llegado incluso más alto que Puma. Subió tan alto que los animales de abajo no podían verlo ni oírlo. Por momentos sentía miedo, cuando se daba cuenta de lo alto que estaba y del trecho que le faltaba. Pero pensaba en la pobre Mamá Osa, tan preocupada al pie de la montaña. Pensaba en el peligro que corrían los oseznos allá arriba. Entonces se armaba de coraje otra vez y seguía subiendo, exclamando continuamente:

58 **GUSANO MEDIDOR.** *¡Tu-tok! ¡Tu-tok! ¡Tu-tok!*

59 (NARRADOR sale, mientras que GUSANO MEDIDOR finalmente llega a la cima de la montaña. Se inclina sobre los dos OSEZNOS dormidos y grita):

60 **GUSANO MEDIDOR.** ¡Despierten!

61 (Los OSEZNOS soñolientos se estiran y bostezan tratando de despertar).

soñolientos Una persona que está soñolienta está medio dormida y no puede pensar con claridad.

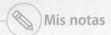

62   **HERMANO MAYOR.** (Gatea y se asoma por el costado de la "roca"). ¡Hermano Menor! Ha ocurrido algo terrible. Mira a qué altura estamos.

63   **HERMANO MENOR.** (También gatea y mira hacia abajo). Estamos atrapados aquí. Jamás regresaremos con nuestra mamá. (Los OSEZNOS comienzan a llorar. Se han olvidado de GUSANO MEDIDOR).

64   **GUSANO MEDIDOR.** (Consolando a los OSEZNOS) No tengan miedo. He venido a ayudarlos a bajar la montaña. Síganme y hagan lo que yo les diga. Iremos por el mismo camino seguro que me trajo hasta aquí.

65   **HERMANO MAYOR.** Tengo miedo de caerme.

66   **HERMANO MENOR.** Yo también tengo miedo.

67   **GUSANO MEDIDOR.** (Dulcemente) No creo que los hijos de Mamá Osa estén tan asustados, pues ella es la criatura más valiente del valle.

68 **HERMANO MAYOR.** (Resoplando y golpeándose el pecho con las garras) Somos osos pardos. Somos valientes.

69 **HERMANO MENOR.** (Lo imita). Te seguiremos.

70 (Con pantomimas, simulan recorrer un camino seguro uno detrás de otro: GUSANO MEDIDOR al frente, HERMANO MAYOR en medio y HERMANO MENOR detrás. Abajo, ZORRO de pronto ve algo, se para y observa detenidamente).

71 **ZORRO.** (Entusiasmado, señalando un punto a mitad de la montaña) Mamá Osa, ¡mira! Gusano Medidor viene guiando a tus oseznos montaña abajo.

72 (TODOS LOS ANIMALES miran hacia donde señala ZORRO).

73 **MAMÁ OSA.** (Alegre, pero temerosa) ¡Tengan cuidado, hijos míos!

74 **MAMÁ CIERVA.** (Tranquilizando a su amiga) Confía en Gusano Medidor. Él los ha traído a salvo hasta ahí. No te va a fallar ahora.

75 (Los ANIMALES siguen mirando. Lentamente van bajando la vista, siguiendo a los escaladores que bajan la montaña. Finalmente, los OSEZNOS y GUSANO MEDIDOR dan un último salto de la "montaña" al "suelo". Los OSEZNOS corren hacia su mamá. MAMÁ OSA los recibe con un gran abrazo. Entonces, da un paso atrás y los regaña agitando un dedo).

tranquilizando Si estás tranquilizando a una persona, estás tratando de calmarla para que no se preocupe por algo.

355

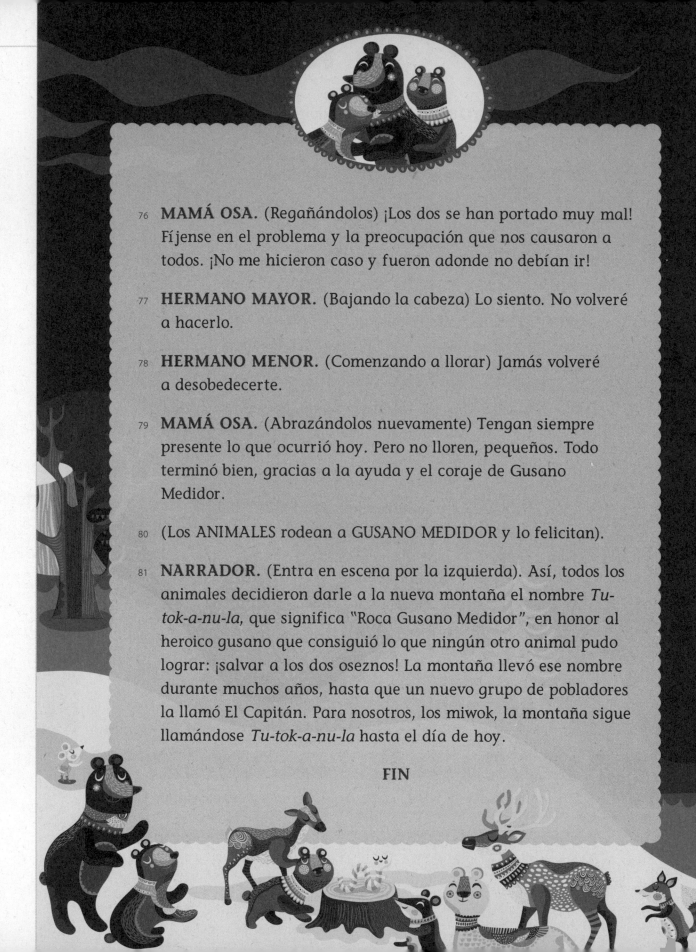

76 MAMÁ OSA. (Regañándolos) ¡Los dos se han portado muy mal! Fíjense en el problema y la preocupación que nos causaron a todos. ¡No me hicieron caso y fueron adonde no debían ir!

77 HERMANO MAYOR. (Bajando la cabeza) Lo siento. No volveré a hacerlo.

78 HERMANO MENOR. (Comenzando a llorar) Jamás volveré a desobedecerte.

79 MAMÁ OSA. (Abrazándolos nuevamente) Tengan siempre presente lo que ocurrió hoy. Pero no lloren, pequeños. Todo terminó bien, gracias a la ayuda y el coraje de Gusano Medidor.

80 (Los ANIMALES rodean a GUSANO MEDIDOR y lo felicitan).

81 NARRADOR. (Entra en escena por la izquierda). Así, todos los animales decidieron darle a la nueva montaña el nombre *Tu-tok-a-nu-la*, que significa "Roca Gusano Medidor", en honor al heroico gusano que consiguió lo que ningún otro animal pudo lograr: ¡salvar a los dos oseznos! La montaña llevó ese nombre durante muchos años, hasta que un nuevo grupo de pobladores la llamó El Capitán. Para nosotros, los miwok, la montaña sigue llamándose *Tu-tok-a-nu-la* hasta el día de hoy.

FIN

Conversación colaborativa

Vuelve a leer lo que escribiste en la página 342. Comenta tu respuesta con un compañero. Luego trabaja en grupo y comenta las preguntas de abajo. Busca detalles y ejemplos en *Dos oseznos* para explicar tus respuestas. Toma notas para responder las preguntas y úsalas cuando hables. Piensa en formas de agregar información nueva a lo que dicen los demás en lugar de repetir sus respuestas.

1 Repasa las páginas 346 y 347. ¿Qué detalles de la obra de teatro te ayudan a saber en qué se parecen el Hermano Mayor y el Hermano Menor?

2 Vuelve a leer las páginas 350 y 351. ¿Por qué es una sorpresa cuando Gusano Medidor se ofrece para tratar de salvar a los oseznos?

3 ¿Qué demuestra la obra de teatro acerca de lo que los miwok pensaban de los animales?

Sugerencia para escuchar

Escucha atentamente a los demás. Piensa cómo puedes conectar tus ideas con las suyas.

Sugerencia para hablar

Asegúrate de que todos tus comentarios están relacionados con el tema que está tratando tu grupo.

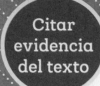

Escribir un estudio del personaje

TEMA PARA DESARROLLAR

En *Dos oseznos*, muchos animales tratan de ayudar a Mamá Osa a salvar a sus oseznos, pero no lo consiguen. Finalmente, la criatura más pequeña e inesperada, el Gusano Medidor, encuentra la forma de salvar a Hermano Mayor y Hermano Menor.

¿Por qué crees que el Gusano Medidor lo logró cuando los demás animales fracasaron? Escribe un estudio del personaje de Gusano Medidor que responda a esta pregunta y explique lo que sabes sobre él basándote en la obra de teatro. Puedes hablar sobre su forma de moverse, el sonido que hace, sus puntos fuertes y débiles y la manera en que maneja los problemas. Asegúrate de comparar y contrastar a Gusano Medidor con los demás animales. No olvides usar algunas de las palabras del Vocabulario crítico en tu escritura.

PLANIFICAR

Haz una lista de los detalles que aprendiste sobre Gusano Medidor en la obra de teatro. Presta especial atención a lo que la obra de teatro revela sobre su personalidad y su forma de pensar.

ESCRIBIR

Ahora escribe tu estudio del personaje de Gusano Medidor que explique por qué fue capaz de rescatar a los dos oseznos.

✓ Asegúrate de que tu estudio del personaje

- ☐ tiene una introducción y una conclusión.
- ☐ describe cómo las acciones de Gusano Medidor contribuyen a los acontecimientos.
- ☐ compara y contrasta los personajes de la obra de teatro.
- ☐ apoya tus ideas con detalles de la obra de teatro.

Pregunta esencial

¿Por qué algunos cuentos se narran mejor si se representan en el escenario?

Escribir un cuento

TEMA PARA DESARROLLAR Piensa en los problemas y desafíos que afrontaron los personajes de los cuentos de este módulo.

Imagina que el club de teatro de tu escuela está buscando cuentos que puedan interpretarse como obras de teatro. Escribe un cuento sobre un personaje que se enfrenta a un problema o a un gran desafío. Usa los textos y el video para obtener ideas sobre cómo el personaje es capaz de solucionarlo. ¡Es posible que tu cuento esté pronto sobre un escenario!

Voy a escribir un cuento sobre _____.

✓ Asegúrate de que tu cuento
☐ presenta al personaje principal o al narrador.
☐ habla sobre los acontecimientos en un orden lógico.
☐ muestra lo que dicen y hacen los personajes cuando reaccionan a los acontecimientos.
☐ usa palabras y frases que señalan el orden de los acontecimientos.
☐ tiene un final que demuestra cómo se soluciona el problema o desafío.

¿Tratará tu cuento sobre algo que puede pasar en la vida real o sobre un lugar y un tiempo inventados? Vuelve a mirar tus notas y repasa los textos y el video para obtener ideas.

Usa el mapa del cuento de abajo para planificar tu cuento. Elige un ambiente y los personajes. Piensa en el problema o desafío que afrontan los personajes y cómo reaccionan. Usa las palabras del Vocabulario crítico siempre que sea posible.

Mi tema: _____

Ambiente	Personajes
Problema	
Acontecimientos	
Solución	

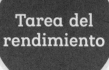

HACER UN BORRADOR ·· **Escribe tu cuento.**

Usa la información que escribiste en el organizador gráfico de la página 361 para hacer un borrador de tu cuento.

Habla sobre los personajes y su problema al **principio** de tu cuento.

Escribe los acontecimientos que ocurren en el **desarrollo** del cuento. Cuenta lo que dicen y hacen los personajes para afrontar el problema.

Escribe un **final** que cuente cómo los personajes solucionaron el problema.

Busca formas de mejorar tu borrador. Trabaja con un compañero o un grupo
pequeño y túrnense para leer los borradores y hacer comentarios. También
puedes usar estas preguntas como ayuda para mejorar tu cuento.

✓ PROPÓSITO/ ENFOQUE	ORGANIZACIÓN	EVIDENCIA	LENGUAJE/ VOCABULARIO	CONVENCIONES
☐ ¿Habla mi cuento sobre algún problema o desafío? ☐ ¿Tiene relación el final con los acontecimientos anteriores?	☐ ¿Hay un principio, un desarrollo y un final claros? ☐ ¿Se presentan los acontecimientos en orden lógico?	☐ ¿Usé ejemplos de los textos del módulo?	☐ ¿Usé palabras y frases que demuestran cuándo sucedieron los acontecimientos?	☐ ¿He escrito todas las palabras correctamente? ☐ ¿Usé la raya correctamente?

PRESENTAR ···························· Comparte tu trabajo.

Crear la versión final Elabora la versión final de tu cuento. Puedes incluir dibujos
que muestren los acontecimientos principales. Considera estas opciones para
compartir tu cuento.

1 Haz una cubierta para tu cuento. Agrega el cuento a la
biblioteca de la clase o de la escuela para que puedan
leerlo los demás.

2 Trabaja con un grupo pequeño para presentar tu cuento
como una obra de teatro del lector.

3 Haz una grabación de audio de tu cuento. Invita a aquellos
que lo escuchen a hacer comentarios o a compartir sus
propios cuentos.

Trabajo en equipo

"El talento gana partidos, pero el trabajo en equipo y la experiencia ganan campeonatos".

— Michael Jordan

? Pregunta esencial

¿Qué aprendemos de los deportes sobre el trabajo en equipo?

Video de
Mentes curiosas
▶

Palabras acerca del trabajo en equipo

Las palabras de la tabla de abajo te ayudarán a hablar y escribir sobre las selecciones de este módulo. ¿Cuáles de las palabras acerca del trabajo en equipo ya has visto antes? ¿Cuáles son nuevas para ti?

Completa la Red de vocabulario de la página 367. Escribe sinónimos, antónimos y palabras y frases relacionadas para cada palabra.

Después de leer cada selección del módulo, vuelve a la Red de vocabulario y añade más palabras. Si es necesario, dibuja más recuadros.

PALABRA	SIGNIFICADO	ORACIÓN DE CONTEXTO
colaboración (sustantivo)	La colaboración es el trabajo que se hace junto con un grupo para cumplir una tarea.	La colaboración es importante para nuestro equipo de fútbol para poder hacer las jugadas que nos dice nuestro entrenador.
simbiosis (sustantivo)	La simbiosis ocurre cuando dos personas trabajan juntas de forma cercana y ambas se benefician de ello.	Cristina y yo tenemos una simbiosis en la cancha de vóleibol que nos ha ayudado a llegar a las finales del campeonato.
determinación (sustantivo)	Cuando intentas algo hasta que lo logras, muestras determinación.	El atleta demostró determinación para acabar la carrera.
unidad (sustantivo)	Unidad es cuando las personas se unen o juntan por una idea o causa común.	Juntamos nuestras manos en señal de unidad antes de empezar el partido.

unidad

colaboración

Palabras acerca del
trabajo en equipo

determinación

simbiosis

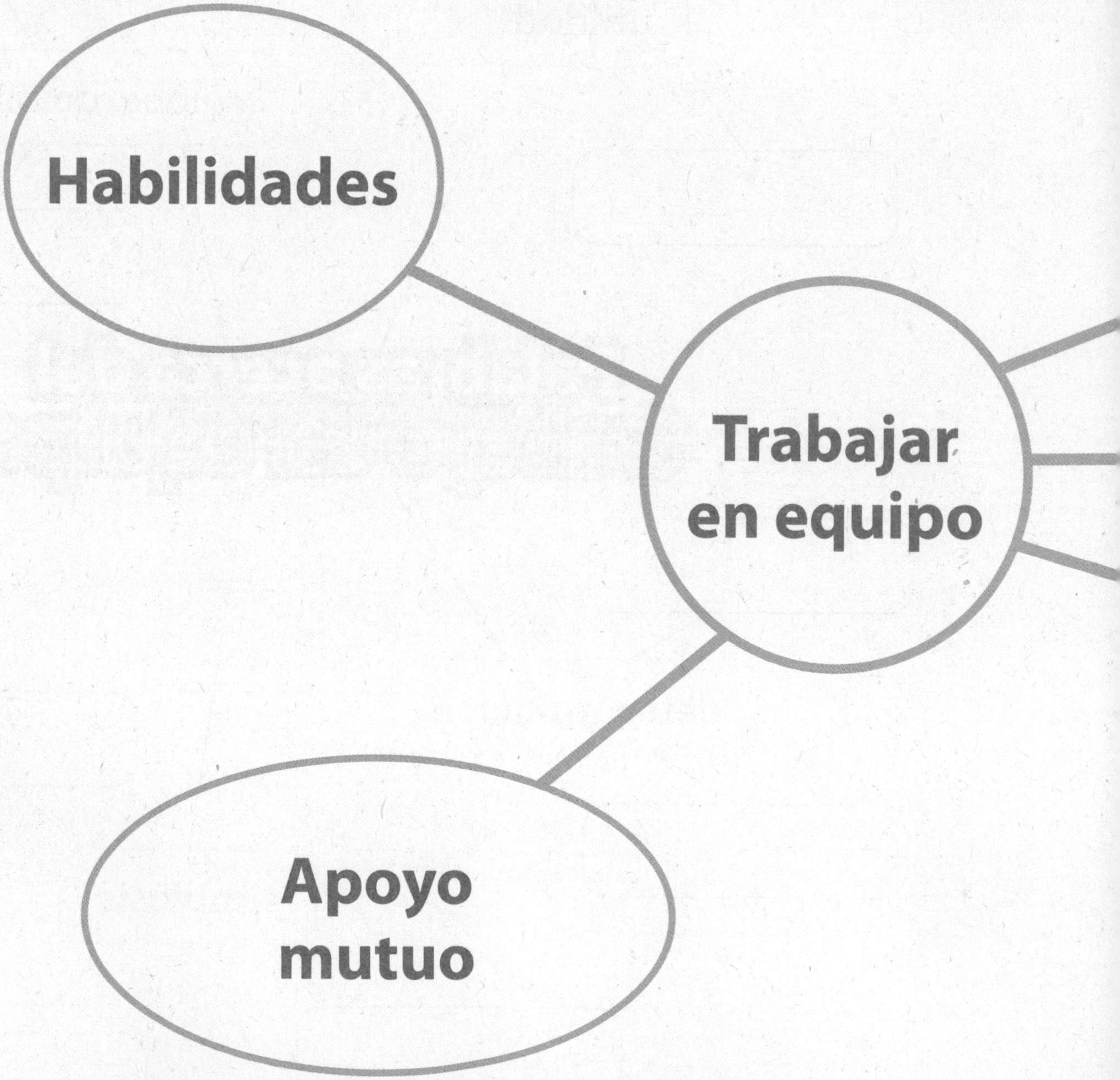

Habilidades

**Trabajar
en equipo**

**Apoyo
mutuo**

Vencer las dificultades

El trabajo en equipo ayuda a ganar campeonatos.

En equipo crece la confianza para vencer las dificultades.

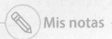

Lectura breve

¡TRABAJO EN EQUIPO = VICTORIA!

1 Todo el mundo sabe que el trabajo en equipo es importante en el baloncesto, a pesar de que los aficionados muchas veces se centran solo en los jugadores que se destacan o sobresalen. Estos jugadores estrella son los que anotan todos los puntos. Los aficionados se paran y animan solo a sus jugadores preferidos. Pero el éxito de todo jugador depende de la **colaboración** del equipo.

2 Es posible que los aficionados se sorprendieran anoche. El equipo de baloncesto femenino de la Escuela Superior Thompson ganó el campeonato estatal, derrotando a las Marshland 65–47. Las Thompson Owls no tienen ninguna estrella, pero las Marshland Ravens sí. ¿Por qué ganaron las Thompson Owls? La clave fue el trabajo en equipo.

3 Sheila Ramírez anotó 30 puntos y se convirtió anoche en la mayor anotadora del equipo de las Owls. Pero Ramírez no solo es conocida por anotar muchos puntos. También pasa el balón con tanta frecuencia como lanza a canasta. Kate Na, de las Owls, robó el balón al equipo contrario en diez ocasiones, pasándoselo a Ramírez o a Haley Sears para que anotaran. Mostraron una **simbiosis** imparable. Todas las jugadoras ayudaron a las demás a dar lo mejor de sí.

4 Nadie esperaba que las Owls opacaran a las contrincantes. Yasmin Vergera, jugadora de las Ravens, fue la que más puntos anotó en la liga en toda la temporada. Raramente perdió la oportunidad de anotar un tanto. Cheyenne Jamison es una defensa estupenda. Logró el récord de robos de balón en esta temporada. Suele lanzar el balón desde el otro extremo de la cancha, en lugar de pasarlo. Cuando encesta, el público se entusiasma.

5 Pero anoche no se destacaron las grandes estrellas ni los movimientos llamativos. "La **unidad** fue la gran estrella", dijo Malia Stephens, la entrenadora de las Owls. "Jugar en equipo, y no individualmente, nos dio la victoria. Y la **determinación** también ayudó. ¡Nuestras jugadoras nunca se rinden!"

6 Las jugadoras de las Owls se quedaron atrás al principio. Aun así, no se rindieron. Se las ingeniaron para impedir que Yasmin Vergera siguiera marcando. ¡Tenían la defensa perfecta! También encontraron la forma de esquivar la defensa de las Ravens con un sólido juego de pases. Miren las estadísticas de las Owls y verán cómo fue el juego. No tienen estrellas, pero la unidad les ayudó a ganar.

Estadísticas de las Owls

Jugadora	Puntos	Rebotes	Robos
Sheila Ramírez	30	6	2
Haley Sears	15	3	0
Kate Na	8	4	10
Lin Littleton	6	1	3
Luisa Okeha	6	2	0
Rachel Healey	3	1	1
Shyla Burdock	2	1	2
Teanna O'Connor	2	1	0

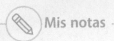
Observa y anota
Contrastes y contradicciones

Prepárate para leer

ESTUDIO DEL GÉNERO La **ficción realista** cuenta un cuento sobre personajes y acontecimientos que se parecen a los de la vida real.

- Los autores de la ficción realista cuentan el cuento a través de la trama, o los acontecimientos principales.
- La ficción realista incluye personajes que actúan, piensan y hablan como personas reales.
- La ficción realista tiene diálogos y usa lenguaje informal para que la conversación parezca real.
- Algunos cuentos de ficción realista incluyen un mensaje o una lección.

ESTABLECER UN PROPÓSITO **Piensa en** las formas en las que el autor hace que los personajes y los acontecimientos parezcan reales. ¿De qué maneras puedes relacionarte con los personajes del cuento? Escribe tu respuesta abajo.

Conoce al autor:
Jake Maddox

VOCABULARIO CRÍTICO

inquieto

técnicos

desvió

competencia

interceptó

ventaja

Las competencias de FÚTBOL

por **JAKE MADDOX**

ilustrado por **Matthew Shipley**

Después de llevarle a su escuela el triunfo del primer campeonato estatal de fútbol frente al equipo los Cosmos, Peter y Berk tienen muchas ganas de que comience la próxima temporada. En las pruebas de primavera, los dos chicos practican intensamente sus habilidades. Peter es un delantero magnífico. Berk es el portero que aseguró la victoria del equipo en el campeonato estatal. Peter le cuenta a Berk que hay un estudiante nuevo en la escuela, que también se va a presentar a las pruebas para la posición de portero. Berk lo conoce, Ryan, un chico muy seguro. Berk está preocupado y un poco **inquieto** por las pruebas.

LAS PRUEBAS

2   Las diferencias entre Berk y Ryan no tardaron mucho en hacerse notar durante las pruebas.

3   En varios de los ejercicios, Berk demostró ser mejor en muchos de los aspectos técnicos del juego.

4   Sabía cuándo debía salir de la portería para enfrentar a un delantero o recuperar un balón perdido. Siempre estaba en el lugar preciso en el momento exacto.

5   Paraba todos los tiros a portería y controlaba los rebotes.

6   Ryan estuvo un poco más inseguro en la meta. En ocasiones innecesarias, salía de la portería para robarle el balón a un jugador cuando la mejor jugada era quedarse atrás. En otras, estaba fuera de lugar.

inquieto   Si alguien está inquieto, está preocupado porque algo malo podría pasar.
técnicos   Los aspectos técnicos de un deporte son las habilidades y los conocimientos básicos que se necesitan para jugar.

7   Pero Ryan era mejor atleta que Berk. A veces disimulaba sus faltas con maniobras espectaculares que hacía para parar el balón.

8   En el penúltimo día de pruebas, el entrenador Davis dividió a los Titanes en dos equipos para ensayar un partido.

9   Los equipos estaban bastante igualados. Berk ocupaba una portería y Ryan ocupaba la otra. Peter estaba en el equipo de Berk.

10   Antes del partido, Peter corrió hacia Berk.

11   —No te preocupes, amigo —dijo—. Le marcaré un gol y la posición de portero será tuya.

12   Al principio, el partido iba como en los ejercicios. Berk estaba siempre en el lugar preciso.

13   Cuando le pateaban el balón, Berk ya lo estaba esperando, por lo que se le hacía fácil pararlo.

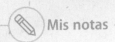

14   Ryan corría por todo el campo. En un momento del partido, salió al encuentro de un delantero que tenía la pelota en la esquina, dejando sola la portería. El delantero le pasó el balón a Peter.

15   Peter recibió el pase dentro del área. Controló el balón con el pie izquierdo y pateó con el derecho hacia la meta desprotegida. Pero Ryan era tan rápido que llegó a tiempo a la portería. Se lanzó hacia la derecha y desvió el lanzamiento de Peter hacia el poste derecho.

16   Otro delantero se apoderó del rebote en el lateral derecho de la portería.

17   De nuevo, Ryan le salió al encuentro y el delantero pateó el balón hacia el frente.

18   Esta vez, Peter trató de redirigir la pelota hacia el poste izquierdo, pero no apuntó bien y Ryan se abalanzó hacia atrás sobre el balón perdido.

19   A Berk se le cayó el alma a los pies. Sabía que, de haberle tocado esa misma jugada, habría evitado todos esos tiros.

20   Habría parado el primer pase poniéndole fin a la jugada. Pero Ryan, con su estilo arriesgado, se había lucido con esas dos paradas espectaculares. Hasta el entrenador Davis aplaudía y gritaba.

21   Ninguno de los equipos anotó en el partido. El entrenador Davis llamó a Berk a la línea de banda.

22   —Berk —dijo—, tengo una idea.

23   ¿Una idea? Berk no sabía qué decir.

24   —¿Has pensado en jugar en otra posición? —continuó el entrenador.

---

desvió Si una persona desvió algo que estaba en movimiento, lo hizo desplazarse en otra dirección.

¿UNA POSICIÓN NUEVA?

25 Berk decidió ser honesto con su entrenador.

26 —Pues… no, entrenador —dijo—. Siempre he querido ser portero.

27 El entrenador Davis rodeó a Berk con el brazo.

28 —Bueno, te manejas bien con los pies y siempre estás en el lugar preciso en el momento exacto —le dijo—. Creo que serías un fantástico líbero.

29 El líbero juega justo frente al portero. Suele ser el compañero de equipo en el que más confía el portero.

30 El líbero ayuda a proteger al portero y despeja los balones perdidos frente a la portería.

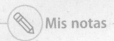
31 Berk sabía que era una posición muy importante. Además, la posición estaba vacante porque Michael Swenson, el líbero de la temporada pasada, se había mudado.

32 Aun así, a Berk no le interesaba.

33 —Prefiero ser portero —dijo.

34 —Lo sé —dijo el entrenador Davis—. Pero creo que me voy a quedar con Ryan en la portería.

35 Berk estaba desconcertado.

36 Hacía mucho tiempo que no lloraba por nada relacionado con el deporte, pero estaba a punto de hacerlo.

37 —Serás el portero suplente —continuó el entrenador Davis—. Además, jugarás todo el tiempo porque también serás el líbero.

38 Berk trató de murmurar algo que sonara como "de acuerdo", pero todavía trataba de controlar las lágrimas.

39 Los jugadores salieron del campo y Berk se adelantó al grupo.

40 Se cambió de ropa rápidamente y se fue a casa en su bicicleta.

41 Todavía quedaba otro día más de prácticas, pero Berk ya sabía qué lugar ocupaba.

42 El último día de las pruebas, ni siquiera llevó los guantes de portero al campo. Practicó todo el tiempo con los defensas.

43 Durante un descanso, Peter se le acercó a Berk.

44 —¿Qué haces? —preguntó Peter—. ¿Por qué no peleas por la posición de portero?

45 —Ayer, el entrenador me dijo —comenzó a decir Berk con los ojos fijos en el suelo sin poder mirar a su amigo— que voy a ser el líbero.

46   —Eso es un fastidio —dijo Peter—. Al menos estarás en el campo conmigo todo el tiempo.

47   Berk sonrió ligeramente. Entonces, Ryan se acercó a beber agua y se dirigió hacia los chicos. Berk se encogió de hombros esperando los alardes de Ryan.

48   —Berk —dijo Ryan—. Eres un buen portero. Lamento que las pruebas no salieran como querías.

49   Berk estaba convencido de que Ryan no era sincero.

50   —Claro, Ryan —dijo Berk—. Si tú lo dices.

51   —Fue una buena competencia —dijo Ryan y le extendió la mano a Berk—. ¿Sin rencores?

52   Berk estrechó la mano de Ryan durante un breve segundo.

53   —Sin rencores —dijo entre dientes. Y Ryan se fue corriendo.

> **competencia**   Cuando participas en una competencia, participas en un concurso o competición contra otra persona o equipo.

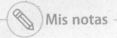

QUE COMIENCE EL JUEGO

54 Después de unas semanas de entrenamiento, los Titanes ya estaban preparados para comenzar la temporada.

55 Tenían un calendario cargado: veinticuatro partidos de la liga y cuatro torneos semanales.

56 —Muy bien, chicos. Ya estamos listos para otra temporada fantástica —comenzó diciendo el entrenador Davis—. El año pasado ganamos el campeonato estatal. Algunas cosas han cambiado este año pero creo que podemos volver a conseguirlo. Además, este año tenemos una oportunidad nueva. Quien gane el título estatal este año será invitado a participar en las competencias nacionales.

57 Los jugadores estaban emocionados y deseosos por salir al terreno.

58 Al comienzo del juego, Berk se sintió un poco extraño. En la posición de líbero, estaría moviéndose constantemente por el campo y haciendo jugadas a las que no estaba acostumbrado.

59 Pero se manejaba bien en la posición y Ryan tenía poco que hacer en la portería.

60 Los Titanes tuvieron el control del juego durante la mayor parte del partido.

61 Peter anotó un gol a finales del primer tiempo y el equipo iba liderando 1 a 0 frente a los Huracanes, el equipo adversario.

62 A mitad del segundo tiempo, los Huracanes lanzaron el balón hacia la esquina izquierda del campo. Ryan le salió al ataque al delantero y dejó la portería vacía.

63 —¡Ryan! —gritó Berk—. ¡Regresa a la portería!

64   Ya era tarde.

65   Un jugador de los Huracanes pateó el balón hacia el medio campo.

66   Berk no pudo llegar y el centrodelantero de los Huracanes pateó el balón hacia la portería. Ryan se lanzó, pero no logró atrapar el balón.

MUY POCA AYUDA

67   Los Huracanes y los Titanes terminaron el partido empatados 1 a 1.

68   El resto de la temporada de los Titanes fue muy parecida a aquel primer partido.

69   Ryan hizo algunas paradas fantásticas, pero sus malas decisiones le costaron varios goles a su equipo.

70   Los Titanes anotaban tantos goles como el año anterior, pero tenían muchos más en contra.

71   Después de aquel primer partido en que pareció que a Ryan no le había gustado el consejo de Berk, el líbero decidió no darle ninguno más. Hizo todo lo que pudo en su posición de líbero para proteger a Ryan, pero no le dio ningún tipo de ayuda sobre los aspectos técnicos de un portero.

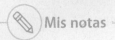
72   Los Titanes apenas llegaron a las eliminatorias.

73   Después del último partido de la temporada regular, el entrenador Davis llamó a Ryan en privado. Berk no pudo oír lo que decían.

74   Cuando terminaron de hablar, el entrenador Davis llamó a Berk.

75   Berk corrió hacia él.

76   —Berk, creo que necesitamos un cambio —dijo el entrenador Davis—. Me gustaría que volvieras a la portería para las eliminatorias.

77   Berk no sabía qué decir.

78   —¿Está seguro? —dijo Berk—. Ryan lleva todo el año jugando en esa posición.

79   —No ha dado resultados —dijo el entrenador Davis—. Si queremos ir a las competencias nacionales, te necesitamos en la portería.

80   Era tremendo elogio y Berk lo sabía. Aun así, se sintió incómodo.

81   —Gracias, entrenador —logró decir.

82   Peter se acercó mientras el entrenador se alejaba.

83   —¡Escuché la buena noticia! —gritó—. ¡Es formidable!

84   —Sí, formidable —murmuró Berk—. Entonces, ¿por qué no me siento mejor?

85   Aquella noche en casa, Berk sacó los guantes de portero. Se los probó. Esta vez se sentían raros.

86   Berk se quedó mirando los guantes y, de repente, todo se le hizo más claro.

87   Aquella noche, Berk llamó a Peter y le preguntó si podían encontrarse en el campo de fútbol.

88   —Confía en mí —le dijo Berk a su amigo—. Tengo una idea.

ES HORA DE AYUDAR

89   Berk caminó hasta la casa de Ryan. Llamó a la puerta y esperó.

90   No sabía cómo iba a reaccionar Ryan cuando lo viera en su casa. Después de todo, no eran lo que se dice amigos.

91   Ryan vino hasta la puerta. Cuando vio a Berk, se detuvo por un momento. Abrió la puerta y salió.

92   —¿Has venido a regodearte? —preguntó Ryan.

93   —No he venido a eso —dijo Berk—. Tengo una idea.

94   Ryan no entendía.

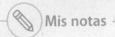

95   A Berk no le preocupaba lo que estaba a punto de decir.

96   Había decidido que lo único que importaba era la honestidad.

97   —Mira, tú haces mejores paradas que yo —dijo Berk—. Pero no eres mejor portero que yo.

98   —Entonces, sí has venido a regodearte —respondió Ryan.

99   —Escúchame —replicó Berk—. Si unimos nuestras habilidades tendremos un portero increíble. Eso es lo que debemos hacer.

100 —¿Cómo? —dijo Ryan—. ¿Qué estás diciendo? ¿Estás chiflado?

101 —Debemos combinar nuestras habilidades en un solo portero —dijo Berk—. Yo nunca podré hacer las paradas increíbles que tú haces, porque eres mejor atleta que yo. Pero tú puedes aprender a jugar como portero tan bien como yo.

102 Ryan comenzó a verlo claro:
     —Entonces, ¿me vas a ayudar con las reglas básicas? —dijo.

103 —Eso es lo que voy a hacer —dijo Berk.

104 Durante aquel fin de semana, Berk y Peter le enseñaron a Ryan las reglas básicas.

105 No era fácil, pero Ryan comenzaba a entenderlo.

106 En el siguiente entrenamiento, Berk y Ryan se acercaron al entrenador Davis.

107 Le presentaron su idea y le dijeron al entrenador lo que ya habían hecho.

108 El entrenador Davis parecía complacido.

109 —No estoy seguro de los resultados —dijo—, pero me siento orgulloso de que trabajen juntos para resolver este problema. ¡Manos a la obra!

PLAN EN ACCIÓN

110   No fue fácil, pero el plan funcionó.

111   Berk gritaba "¡meta!" cuando Ryan debía quedarse quieto y "¡ahora!" cuando tenía que atacar.

112   Después de unos cuantos juegos, Berk ya no tuvo que gritar.

113   Ya Ryan sabía lo que tenía que hacer.

114   Ryan seguía haciendo paradas espectaculares.

115   Los Titanes avanzaron fácilmente durante las eliminatorias de la liga y las primeras dos rondas del campeonato estatal.

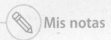
116   En el campeonato estatal, se enfrentaron de nuevo a los Cosmos, igual que el año anterior. Esta era su oportunidad de ir a las competencias nacionales por primera vez.

117   Al principio de la segunda mitad, Berk interceptó un pase en el borde del área de meta.

118   Mirando hacia delante, escuchó que Peter le gritaba "¡Pásamela!" mientras iba corriendo por la línea de banda. Berk pateó la pelota al otro lado del campo, justo delante de Peter.

119   Con la velocidad que lo caracterizaba, Peter esquivó la defensa y controló el pase.

120   Se acercó a la portería de los Cosmos y pateó con fuerza hacia la esquina superior.

> **interceptó**   Si una persona interceptó algo, impidió que llegara al lugar donde se dirigía.

121   Cuando la pelota tocó la red, Berk y los demás Titanes empezaron a gritar.

122   ¡Iban ganando!

123   Ahora, solo debían mantener la ventaja que llevaban en el marcador. No era sencillo frente a los Cosmos.

124   En el último minuto, los Cosmos hicieron un último ataque rápido. Movieron el balón hacia la esquina y uno de los defensas de los Titanes se apresuró para tratar de robar el balón.

125   Berk se movió para cubrir a un jugador, pero con el triunfo en juego, más jugadores de los Cosmos llegaron a la zona.

126   Los defensas de los Titanes no pudieron cubrirlos a todos.

127   El jugador de los Cosmos pateó el balón hacia el frente de la portería.

128   Ryan se quedó paralizado. Berk sabía que estaba tratando de decidir si debía salir a interceptarla o quedarse en la portería.

129   Ryan permaneció en su posición. Vio como la pelota se dirigía hacia un jugador sin defensa que se encontraba cerca del área de meta.

130   Ryan se preparó para el lanzamiento. Se agachó y preparó las manos.

131   El balón salió disparado del pie del jugador y Ryan lo estaba esperando.

132   Su estirada espectacular le permitió alcanzar el balón. En lugar de tocarlo, Ryan lo atrapó. Lo agarró con fuerza al mismo tiempo que se agotaba el tiempo.

---

ventaja   Una ventaja es una condición favorable o una mejor oportunidad que algo o alguien tiene.

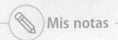
133   ¡Los Titanes volvían a ser los campeones!

134   Peter y Berk corrieron hasta su portero. Ryan todavía sujetaba la pelota contra el pecho.

135   —¡Lo conseguiste! —gritó Berk—. ¡Lo conseguiste!

136   Ryan lo miró a los ojos:
—No —dijo—, lo conseguimos.

Conversación colaborativa

Vuelve a leer lo que escribiste en la página 372. Comenta tu respuesta con un compañero. Luego trabaja en grupo y comenta las preguntas de abajo. Busca detalles y ejemplos en *Las competencias de fútbol* para explicar tus respuestas. Toma notas para responder las preguntas. Haz y contesta preguntas para compartir o descubrir más información sobre las ideas de los demás.

 Sugerencia para escuchar

Escucha las razones que dan los hablantes al contestar las preguntas. ¿Qué preguntas podrías hacerles para ayudarles a explicar más sus ideas?

1 Vuelve a leer las páginas 374 y 375. ¿En qué se diferencia Ryan de Berk como portero?

2 Repasa las páginas 377 y 378. ¿Qué palabras y acciones muestran cómo se siente Berk en la posición de líbero del equipo?

Sugerencia para hablar

Piensa en las preguntas que hacen los hablantes. En tu respuesta, incluye detalles específicos de la lectura que te ayuden a explicar lo que piensas.

3 ¿Cómo cambia la relación entre Berk y Ryan al final del cuento?

Escribir una columna deportiva

TEMA PARA DESARROLLAR

En *Las competencias de fútbol*, el autor cuenta la historia de una forma que ayuda a los lectores a sentir que son parte de la acción. Cuando los Titanes vencen a los Cosmos en el campeonato estatal, los lectores sienten la emoción como si formaran parte del equipo.

Imagina que escribes una columna deportiva para el sitio web de la escuela de los Titanes. Quieres escribir un resumen que capte la emoción del partido del campeonato estatal. Escribe un párrafo para describir los momentos más emocionantes. Usa un lenguaje que haga que los estudiantes sientan que estaban presentes. No olvides usar algunas de las palabras del Vocabulario crítico en tu escritura.

PLANIFICAR

Haz una lista de las palabras y frases de *Las competencias de fútbol* que muestren entusiasmo o una gran emoción.

Ahora escribe tu columna deportiva para describir la emoción del partido del campeonato estatal.

Asegúrate de que tu columna deportiva

☐ presenta la situación y a los futbolistas.

☐ usa palabras del cuento para mostrar entusiasmo.

☐ cuenta los acontecimientos en el orden en el que sucedieron.

☐ usa palabras como *primero* y *luego* para indicar el orden de los acontecimientos.

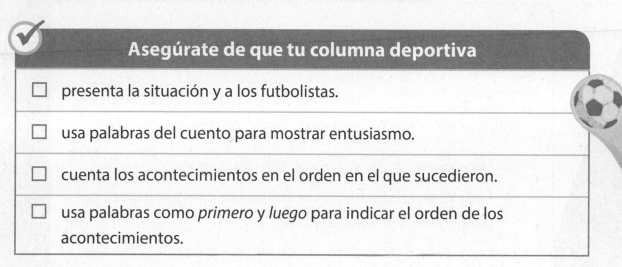

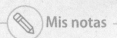

Prepárate para ver un video

ESTUDIO DEL GÉNERO Los **videos informativos** presentan datos e información sobre un tema con elementos visuales y audio.

- Un narrador explica lo que ocurre en pantalla.
- Los videos informativos pueden incluir palabras específicas de un tema, como los deportes.
- Los videos informativos pueden incluir elementos visuales y de sonido, como fotografías, efectos de sonido y música de fondo.

ESTABLECER UN PROPÓSITO **Mientras miras el video,** usa lo que has aprendido sobre el voleibol para comprender el video. ¿En qué se diferencia el voleibol de otros deportes de equipo, como el fútbol? ¿Por qué ayudan las fotografías a comprender la narración del video? Escribe tus respuestas abajo.

Desarrollar el contexto:
"Morenas del Caribe"

VOCABULARIO CRÍTICO

fortaleza

final

capitana

Las espectaculares
MORENAS DEL CARIBE

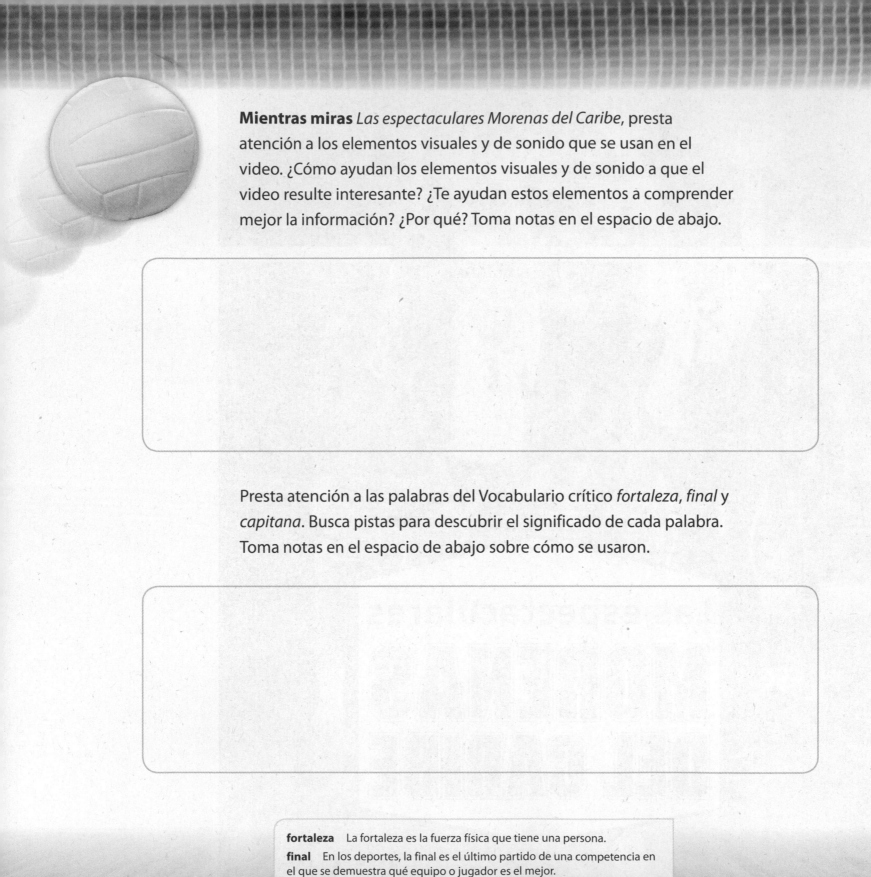

Mientras miras *Las espectaculares Morenas del Caribe*, presta atención a los elementos visuales y de sonido que se usan en el video. ¿Cómo ayudan los elementos visuales y de sonido a que el video resulte interesante? ¿Te ayudan estos elementos a comprender mejor la información? ¿Por qué? Toma notas en el espacio de abajo.

Presta atención a las palabras del Vocabulario crítico *fortaleza*, *final* y *capitana*. Busca pistas para descubrir el significado de cada palabra. Toma notas en el espacio de abajo sobre cómo se usaron.

fortaleza   La fortaleza es la fuerza física que tiene una persona.

final   En los deportes, la final es el último partido de una competencia en el que se demuestra qué equipo o jugador es el mejor.

capitana   Si eres la capitana de un equipo, eres la líder del equipo.

Conversación colaborativa

Trabaja en grupo y comenta las preguntas de abajo. Busca ejemplos en *Las espectaculares Morenas del Caribe* para apoyar tus ideas. Toma notas para responder las preguntas. Muestra respeto hacia los demás integrantes del grupo: escucha atentamente y establece contacto visual con las personas que estén hablando.

1 ¿Quién inventó el voleibol y en qué año se inventó?

2 ¿Cuándo y dónde compitieron las Morenas del Caribe por primera vez en los Juegos Olímpicos? ¿Qué características físicas de las jugadoras llamaron la atención de la prensa y los aficionados?

3 ¿Qué crees que ayudó al éxito de las Morenas del Caribe?

Sugerencia para escuchar

Vuélvete hacia la persona que habla mientras escuchas. Comprenderás mejor sus comentarios si puedes ver la expresión de su cara y los gestos que hace.

Sugerencia para hablar

Habla alto y claro para que todos puedan escucharte. Mira hacia todas las personas para saber si comprenden lo que estás diciendo.

Escribir un correo electrónico

TEMA PARA DESARROLLAR

En *Las espectaculares Morenas del Caribe*, aprendiste sobre la fabulosa carrera deportiva del equipo de voleibol femenino cubano durante las décadas de los setenta, ochenta y noventa, liderado en varias ocasiones por su capitana Mireya Luis.

¿Por qué crees que Mireya Luis fue la capitana del equipo en varias ocasiones? Escribe un correo electrónico a un compañero de clase para compartir tu opinión. Explícale por qué crees que Mireya Luis fue la capitana del equipo en muchas ocasiones. Incluye las cualidades que debió tener Mireya Luis para dirigir a su equipo. Asegúrate de apoyar tu opinión con razones. Trata de usar algunas palabras del Vocabulario crítico en tu correo electrónico.

PLANIFICAR

Anota las cualidades que debió tener Mireya Luis para dirigir a su equipo en varias ocasiones. Asegúrate de incluir evidencias del video en tu correo electrónico.

ESCRIBIR

Ahora escribe tu correo electrónico a tu compañero de clase para compartir tu opinión sobre la capitana Mireya Luis.

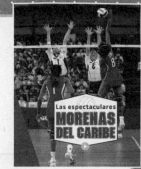

Las espectaculares **MORENAS DEL CARIBE**

✓ Asegúrate de que tu correo electrónico

- ☐ plantea claramente tu opinión y tus razones.

- ☐ usa un tono amistoso.

- ☐ incluye acontecimientos y detalles del video.

- ☐ usa palabras de enlace, como *porque* y *entonces*, para relacionar las ideas.

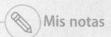
Observa y anota
Contrastes y contradicciones

Prepárate para leer

ESTUDIO DEL GÉNERO La **ficción realista** cuenta un cuento sobre personajes y acontecimientos que se parecen a los de la vida real.

- Los autores de la ficción realista cuentan el cuento a través de la trama. La trama incluye un conflicto o problema y la solución.

- Los acontecimientos de la ficción realista se van desarrollando de manera sucesiva y consecuente.

- La ficción realista incluye personajes que actúan, piensan y hablan como personas reales.

- Algunos textos de ficción realista incluyen un mensaje o una lección que aprende el personaje principal.

ESTABLECER UN PROPÓSITO **Piensa en** el título y el género de este texto. Este texto trata sobre un encuentro en las pistas. ¿Qué sabes sobre las carreras de pista? ¿Qué te gustaría aprender? Escribe tus respuestas abajo.

Desarrollar el contexto:
Carreras de pista

VOCABULARIO CRÍTICO

encuentros

disgustada

concentré

decepcionada

personal

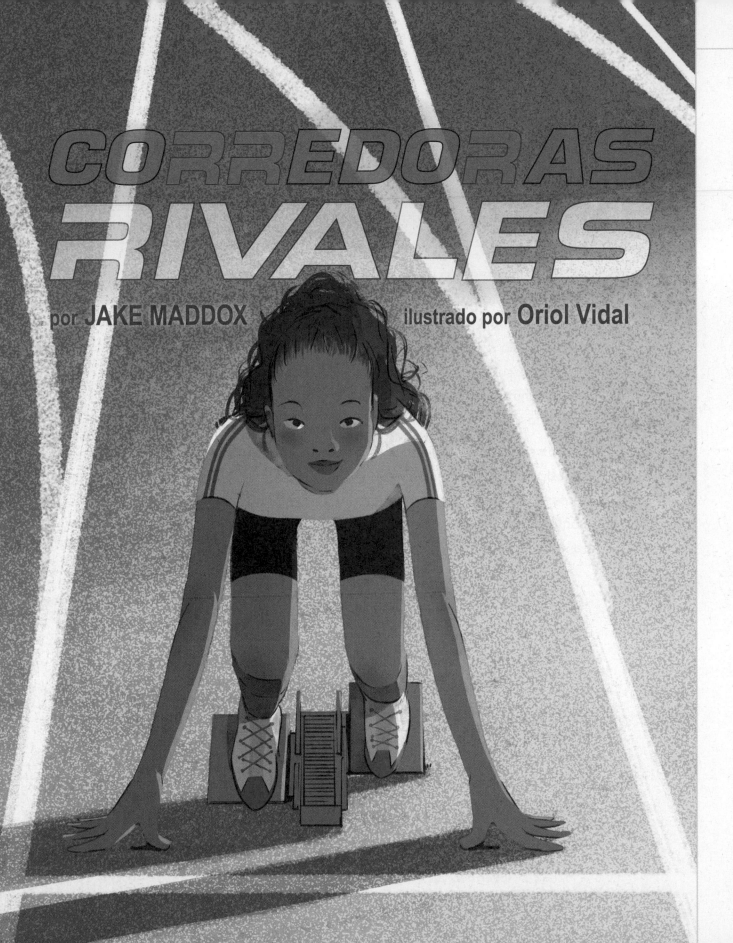

CORREDORAS RIVALES

por **JAKE MADDOX** · ilustrado por **Oriol Vidal**

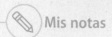

LA RECUPERACIÓN

1   Me llamo Amy Reid y era una de las dos mejores corredoras de mi distrito. Mi competencia mayor era Madison Palmer. Durante la última carrera de la temporada, en la que también participó Madison, me lastimé una rodilla y he estado fuera de las pistas toda esta temporada.

2   Por fin, mi médico me ha dado permiso para empezar a correr de nuevo, justo a tiempo para nuestros dos últimos encuentros en la pista. Estaba preocupada porque no estaba segura de que mi rodilla había sanado. Me sentí peor cuando vi a Madison entrenar un día y escuché a su entrenador decir que había corrido la vuelta en un minuto y cinco segundos. Eso era más rápido que lo que yo había corrido los 400 metros planos en mi mejor momento.

3   Entrené y practiqué durante todo el fin de semana y, a pesar de esforzarme al máximo en el primer encuentro, quedé en el tercer puesto. Fue el peor momento de mi vida y me preguntaba cómo iba a prepararme para la carrera contra Madison, que tendría lugar tres días después.

4   Llegué a casa y me fui corriendo a mi habitación. Casi inmediatamente, mi papá llamó a la puerta y me pidió que fuera a la cocina. Papá me miró. Estuvimos allí callados durante un largo rato. Finalmente, antes de cambiar de idea, le dije todo.

5   Le conté que al principio estaba nerviosa, que estaba preocupada por mi rodilla, que había visto a Madison en el parque, que había hecho algunas salidas en falso y, por último, que tenía muchísimo miedo de no estar preparada para el encuentro del viernes. Era el último encuentro del año. Era realmente importante.

> **encuentros**   A los eventos deportivos en los que compiten deportistas y equipos también se les llama encuentros.

6   —Madison lleva entrenando dos meses más que yo —concluí—. Está corriendo más rápido de lo que yo he corrido en mi vida. Hoy, me esforcé todo lo que pude y corrí más despacio que nunca.

7   Papá se me quedó mirando unos segundos. Parecía estar pensando profundamente.

8   —¿Has hablado con el entrenador Joseph sobre todo esto? —me preguntó.

9   —Papá, no he hablado con nadie sobre nada de esto —le dije.

10   —Querida, lo cierto es que no sé qué decirte —dijo papá suspirando—. Lo único que puedes hacer es esforzarte al máximo. Y todavía te queda el encuentro del viernes, ¿verdad? Estoy seguro de que esta noche corriste despacio porque estabas nerviosa. Además, todavía te estás recuperando.

11   —Sí —dije.

12   Papá no podía comprender lo disgustada que estaba.
Necesitaba hablar con Natalie. Mi hermana siempre le
encontraba una solución a los problemas.

13   —¿Papá? Necesito hablar con Natalie —le dije y agregué
rápidamente—. Pero no te ofendas.

14   —Lo entiendo, Amy. Voy a buscarla —dijo papá mientras se
levantaba. Hasta parecía un poco aliviado.

15   Enseguida, mi hermana entró en la cocina.

16   —Muy bien, Amy —dijo Natalie sentándose a mi lado—. Papá
me lo ha contado todo y tengo una idea.

17   Respiró hondo y continuó:
—¿Por qué no vas a la pista del parque y hablas con Madison?
Quizás puedas entrenar con ella o algo así.

18   Eso no era exactamente lo que tenía en mente.

19   —¿Es una broma? —pregunté.

20   —No, en absoluto. A ella le encanta correr, igual que a ti
—dijo Natalie.

21   Me senté durante unos segundos para asimilar la idea.

22   —¿Me acompañarías? —pregunté finalmente.

23   —Sí —dijo y sonrió—. Pero yo no voy a correr.

24   Me reí.

25   —Trato hecho —dije—. Iremos mañana después de cenar.

---

disgustada   Si una persona está disgustada, está triste y
molesta por algo.

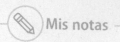

MI COMPETENCIA MAYOR

26   **A**l día siguiente, Natalie me vino a buscar después del entrenamiento.

27   —¿Estás lista para esta noche? —me preguntó.

28   —No —respondí.

29   —¡Amy! —exclamó Natalie—. Ya lo hablamos ayer. ¿Has cambiado de idea?

30   —No —repetí—. Pero Madison me pone muy nerviosa. Siempre gana.

31   —Estoy segura de que a ella le pasa lo mismo contigo —dijo Natalie.

32   Pero yo no lo creía.

33   Después de la cena, me puse la ropa de correr. Diez minutos más tarde, Natalie y yo nos dirigimos a la pista.

34   En cuanto llegamos a la pista, vi a Madison. Estaba corriendo a toda velocidad los cien últimos metros de una vuelta.

35   Intenté regresar, pero Natalie me agarró del codo y me guio hacia la pista.

36   Madison paró de correr cuando nos acercamos. Nos miró de reojo a través de la valla.

37   —¿Amy Reid? ¿Eres tú? —preguntó.

38 —Sí —dije sorprendida—. ¿Cómo sabes mi nombre?

39 Madison se rio.

40 —¡Pues porque eres mi competencia mayor! —dijo—. ¿Qué estás haciendo por acá?

41 —Bueno, vivo cerca —le dije—. Esta es mi hermana, Natalie.

42 Natalie y Madison se sonrieron una a la otra. Respiré hondo y continué.

43 —La semana pasada pasé corriendo por al lado de la pista y te vi entrenando —dije y miré a mi hermana en busca de ayuda.

44 —A Amy le fue mal en el encuentro de anoche. Le recomendé que viniera a pedirte consejo —dijo Natalie—. Bueno, ya sé que están en equipos diferentes y todo eso, pero…

45 Se detuvo. Madison se había empezado a sonrojar.

46 —¿Es una broma? —preguntó Madison—. ¡Debería ser yo la que le pida consejo a ella!

47 Me quedé desconcertada.

48 —¿Sobre qué? —pregunté.

49 —Sobre tu forma de correr —dijo Madison—. Tu forma de correr siempre es perfecta.

50 —Si van a entrenar, deben empezar ya —dijo Natalie.

51 Madison y yo nos dirigimos hacia la línea de salida. Decidimos correr la primera vuelta con nuestro propio estilo para poder ver las diferencias una al lado de la otra.

52   Estuvimos muy cerca durante la primera mitad de la vuelta, pero luego yo tomé la delantera.

53   Me di cuenta de que Madison separaba un poco los codos del cuerpo. Parecía que le costaba mantenerlos pegados, como hay que hacer.

54   Pasamos a la segunda vuelta. En ese momento, Madison aceleró la marcha.

55   Intenté seguirla, pero no tenía suficiente energía. Además, me molestaba la rodilla de nuevo.

56   Madison me venció por unos dos metros. Eso es mucho para una carrera tan corta.

57   Tras recuperar el aliento, le pregunté:
—¿Cuál es tu secreto?

58   —Antes esprintaba durante toda la carrera, pero llegaba agotada al final. Mi entrenador me aconsejó que intentara otra forma —explicó Madison—. Si corres un poco más despacio de lo normal durante la primera mitad de la carrera, puedes acelerar en la segunda mitad y adelantar a todo el mundo —se encogió de hombros—. Funciona realmente bien.

59   Lo pensé durante un minuto.

60   —De acuerdo —dije—. Corramos de nuevo. Esta vez, lo intentaré a tu manera.

61   Corrimos otra vuelta. En esta ocasión, ¡le gané!

62   Después de recuperarnos, le di a Madison algunos consejos para que mantuviera los codos pegados al cuerpo.

63   —Mira, yo finjo estar en una de esas máquinas de esquí, ¿sabes? —le dije—. ¿Como en la tele? Lleva un tiempo acostumbrarse, pero si mantienes los codos pegados, vas a notar una gran diferencia.

64   Me di cuenta de que el sol se estaba ocultando, así que decidimos terminar el entrenamiento.

65   —¡Nos vemos el viernes! —gritó Madison cuando Natalie y yo nos dirigíamos de vuelta a casa por la pista.

66   —¡Sí, nos vemos! —le respondí.

67   Hacía días que no me sentía tan feliz.

LA MEJOR MARCA PERSONAL

68   **L**a mañana del viernes era fría y soleada. Pero cuando nos cambiamos y nos subimos al autobús para ir al encuentro, estaba nublado, hacía mucho viento y llovía torrencialmente.

69   El trayecto hasta Emeryville no era muy largo, pero me pareció una eternidad.

70   La lluvia había aflojado un poco cuando llegamos, pero seguía soplando el viento. Para colmo de males, parecía que por la lluvia y el frío se me había entumecido la rodilla.

71   Poco después llegamos a la escuela. Sentía mariposas en el estómago. Estaba muy nerviosa.

72   Este encuentro era muy importante. Quienes terminaran en las dos primeras posiciones competirían en las finales estatales.

73   Tomé posición en mi carril. Madison estaba justo al lado mío, en el carril dos. Intercambiamos una sonrisa.

74   —¡En sus marcas!

75   Flexioné las rodillas y miré hacia adelante.

76   —¡Listos!

77   Acerqué el pie lo más que pude a la línea de salida, pero sin tocarla.

78   "¡BUM!", sonó el disparo de salida.

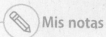

79   Concentré todos mis pensamientos y esfuerzos en seguirle el
ritmo a Madison.

80   Cuando llegamos a la segunda curva, Madison aumentó la
velocidad. Me sorprendí al ver que seguía a su lado.

81   Estaba usando el método de Madison para correr. Hasta el
momento, podía notar la diferencia. Íbamos mano a mano.
Sentía un poco de dolor en la rodilla, pero lo ignoré. Madison se
adelantó. Yo la sobrepasé unos cuantos metros, pero no pude
mantener la delantera.

> **concentré**   Si me concentré en algo, puse toda mi atención
> y mis pensamientos en eso.

82   De repente, todo había acabado. Madison había ganado.

83   Durante un segundo, me sentí decepcionada. Una vez más, Madison Palmer me había ganado.

84   Pero luego Katie, mi compañera de entrenamiento, llegó corriendo.

85   —Amy —me llamó emocionada—. ¡Corriste en 1:05!

86   —¿En serio? —pregunté sorprendida. Era mi mejor marca de todos los tiempos—. ¿De verdad que corrí tan rápido?

87   No podía creerlo. ¿Cómo pude haber corrido en 1:05 con la rodilla lastimada?

88   —Sí, de verdad que lo hiciste —dijo la voz de otra niña.

89   Me volteé. Era Madison.

90   —¡Felicitaciones! —le dije—. Estuviste fantástica.

> **decepcionada**   Si una persona está decepcionada, está triste porque algo no sucedió como ella quería.

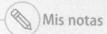

91   Madison sonrió.

92   —¡Tú también! Tu mejor marca personal, ¿verdad? ¿Tu mejor tiempo? —preguntó—. ¡Eso tiene que ser una sensación increíble!

93   —Sí, lo es —admití sonriéndole—. Es una sensación estupenda.

94   Madison se rio.

95   —Espera hasta el siguiente encuentro —dijo.

96   —Espera tú hasta el siguiente encuentro —bromeé—. Mi rodilla ya estará totalmente sana y seré una competidora dura de vencer.

97   Todo el mundo nos aclamó cuando dijeron nuestros tiempos por el micrófono. Vi a mi papá y a Natalie en las gradas, dando brincos sin cesar.

98   —Ya eres una competidora dura de vencer —dijo Madison sonriendo—. ¡Estoy deseando que llegue el próximo encuentro!

personal   Si algo es personal, está relacionado con una sola persona.

Conversación colaborativa

Vuelve a leer lo que escribiste en la página 398. Dile a un compañero lo que aprendiste. Luego trabaja en grupo y comenta las preguntas de abajo. Busca detalles y ejemplos en *Corredoras rivales* para explicar tus respuestas. Toma notas para responder las preguntas. Después de escuchar a los demás, vuelve a plantear las ideas más importantes que escuchaste antes de contestar.

1 Vuelve a leer las páginas 404 y 405. ¿Por qué le resulta incómodo a Amy hablar con Madison?

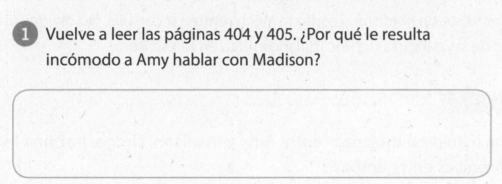

2 Repasa las páginas 406 a 408. ¿Por qué resulta útil la reunión para las dos corredoras?

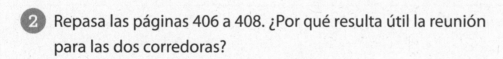

3 ¿Qué lección aprende Amy de Madison que la ayuda a hacer el mejor tiempo de su vida?

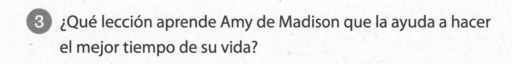

Sugerencia para escuchar

Escucha la idea principal de cada hablante. Piensa cómo cada una de esas ideas apoya o cambia lo que tú piensas.

Sugerencia para hablar

Cuando compartas tus pensamientos, ayuda a los que te escuchan a prestar atención a tus ideas principales. Asegúrate de usar una oración completa para presentar tu idea más importante.

Escribir una memoria

TEMA PARA DESARROLLAR

En *Corredoras rivales*, leíste sobre dos rivales que se hicieron amigas y se ayudaron entre ellas. Tanto Amy como Madison mejoraron su rendimiento al aprender la una de la otra.

Imagina que eres Amy y que vas a escribir un capítulo en tu memoria sobre tu relación con Madison. Describe semejanzas y diferencias entre ambas. Explica lo que aprendiste de Madison y cómo te afectó entrenar con ella. No olvides usar algunas de las palabras del Vocabulario crítico en tu escritura.

PLANIFICAR

Haz una lista de semejanzas entre Amy y Madison. Luego, haz una lista de diferencias entre ambas.

ESCRIBIR

Ahora escribe el capítulo de tu memoria sobre la relación de Amy con Madison.

Asegúrate de que tu memoria

☐ describe, compara y contrasta a los personajes del cuento.

☐ explica cómo las acciones de Madison afectaron el resultado.

☐ plantea los pensamientos y sentimientos de Amy.

☐ incluye detalles del cuento.

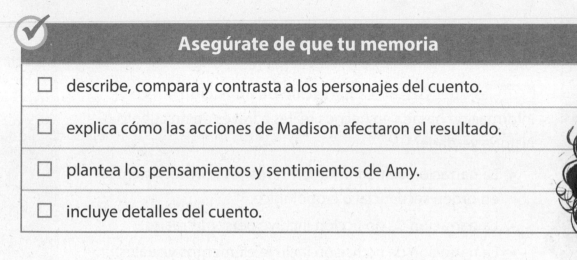

Observa y anota
3 preguntas importantes

Prepárate para leer

ESTUDIO DEL GÉNERO La **narración de no ficción** ofrece información basada en hechos reales a través de un cuento o historia verdadera.

- La narración de no ficción presenta los acontecimientos en orden secuencial o cronológico.
- La narración de no ficción incluye personas reales.
- La narración de no ficción incluye elementos visuales, como ilustraciones, mapas y diagramas.
- Los textos de narración de no ficción a menudo hablan sobre acontecimientos históricos.

ESTABLECER UN PROPÓSITO **Piensa en** el título y el género de este texto. ¿Incluye el título la palabra *béisbol*? ¿Qué sabes sobre el béisbol? ¿Qué te gustaría aprender? Escribe tus respuestas abajo.

Conoce a la autora y al ilustrador:
Audrey Vernick y Steven Salerno

VOCABULARIO CRÍTICO

escombros

rivalidad

disolvió

donó

generaciones

elevó

LA VERDADERA HISTORIA DE UN FORMIDABLE
EQUIPO DE BÉISBOL "TODOS HERMANOS"

HERMANOS AL BATE

Escrito por Audrey Vernick

Ilustrado por Steven Salerno

1   APENAS EL INVIERNO helado comienza a
derretirse para dar paso a la primavera, se escucha el abrir
y cerrar de puertas de los chicos recién llegados de la
escuela, que han ido por sus guantes, bates y pelotas.

2   Allá por los años veinte y treinta, en un pueblo de
Nueva Jersey cerca del mar, se escuchaba el mismo abrir y
cerrar de puertas. Tres hermanos echaban a correr afuera.

3   Otros tres los seguían a toda prisa.

4   Y otros más.

5   Y algunos más.

6   Parece un cuento inventado: doce hermanos que juegan al béisbol. Pero Anthony, Joe, Paul, Alfred, Charlie, Jimmy, Bobby, Billy, Freddie, Eddie, Bubbie y Louie Acerra eran hermanos de verdad.

7   Tenían cuatro hermanas: Catherine, Florence, Rosina y Frances. Y un perro blanco que se llamaba Pitch. Las niñas no jugaban al béisbol. En aquel entonces, la mayoría de las personas creía que los deportes eran cosa de chicos.

8   La familia Acerra tenía tantos hijos que en cada cama dormían dos e iban de a tres al baño que estaba afuera. Tomaban la cena donde encontraban asiento. Incluso en el campo de béisbol, eran más hermanos que posiciones de juego.

9   Pero eso no les impidió jugar.

10   El béisbol marcaba el ritmo de sus vidas.

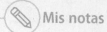

11   "Cada primavera, sacabas el guante y te ibas al campo a jugar", contaba Freddie. Los vecinos no recuerdan una sola vez en que los hijos de los Acerra hubieran hecho otra cosa que no fuera golpear la pelota, lanzarla con fuerza y correr frente a un grupo de espectadores más jóvenes, que deseaban estar ya crecidos para poder jugar.

12   La escuela secundaria tuvo un Acerra en el equipo de béisbol durante veintidós años seguidos.

13   En 1938, las edades de los hermanos iban desde siete hasta treinta y dos años. Los nueve hermanos mayores formaron su propio equipo semiprofesional y competían contra otros equipos de Nueva Jersey. Su padre los entrenaba y nunca perdieron ningún partido.

14   Todos los uniformes decían lo mismo:

Acerra.

EDAD: 32

Anthony

EDAD: 27

Joe

EDAD: 24

Paul

EDAD: 22

Alfred

EDAD: 20

Charlie

EDAD: 18

Jimmy

EDAD: 16

Bobby

EDAD: 15

Billy

EDAD: 13

Freddie

EDAD: 12

Eddie

EDAD: 10

Bubbie

EDAD: 7

Louie

15   Jugaban en campos improvisados de tierra con los jardines repletos de escombros y arena. A los hermanos les encantaba hablar sobre el día que jugaron en el viejo canódromo, un estadio situado frente al mar que antes había sido una pista de carreras de autos. Allí fue donde Anthony, el hermano mayor, lanzó un par de jonrones al océano Atlántico.

16   Lo llamaban Anthony "posturita", por la manera que tenía de pararse sobre el plato, como si estuviera posando para la foto de su tarjeta de béisbol.

17   Charlie, el quinto hermano, era el más lento. Era un buen jugador, pero un corredor horrible. Los hermanos solían bromear sobre la vez en que bateó una pelota que casi se sale del campo, pero solo logró llegar a la segunda base.

18   Jimmy, el sexto hermano, tenía un lanzamiento increíble del que la gente *todavía* hoy habla. "No podías pegarle a la pelota ni atraparla", decía Eddie. La pelota bailaba en el aire. Jimmy también era un buen bateador, probablemente el mejor jugador del equipo.

escombros   Basura, desechos y desperdicios, como piedras, que se arrojan en un lugar.

19   Pero entre ellos no había celos ni rivalidad ni peleas. Los hermanos mayores también jugaban con los menores, que ya iban entrando en edad para el juego. Si uno dejaba caer la pelota o era eliminado, nadie gritaba ni arrojaba el guante ni pateaba el suelo. "Éramos muy unidos", decía Freddie.

20   El equipo jugaba en Nueva Jersey, Nueva York, Connecticut, en cualquier lugar que hubiera un buen partido. Paul les escribía cartas a otros equipos para acordar partidos nuevos. El equipo "todos hermanos" siempre atraía grandes multitudes.

> **rivalidad**   Una rivalidad es una competencia entre equipos o personas que quieren ganar lo mismo.

21 En 1939, en la Feria Mundial de Nueva York, la familia Acerra fue nombrada la familia más grande de Nueva Jersey. Los llevaron al aeropuerto de Newark, donde abordaron un avión y sobrevolaron la feria. No podían creerlo, no conocían a nadie que hubiera montado en avión. La mayoría de las personas que estaban en la feria miraban en el cielo aquel pequeño avión, sin poder imaginar que a bordo iba un equipo completo de hermanos.

22 Pero no todo era diversión, juego y cielos soleados. El día más oscuro también llegó al campo.

23   Freddie estaba en la tercera base en un partido empatado a cero. Alfred estaba en el plato. Se tocó el hombro, la señal de que iba a dar un golpe suave.

24   Entonces, las cosas se torcieron.

25   El lanzamiento vino alto y, de alguna forma, la bola rebotó en el bate contra la cara de Alfred golpeándolo con fuerza.

26   Lo llevaron al médico inmediatamente, pero perdió un ojo.

27   Durante los siguientes meses, Eddie ocupó el puesto de Alfred como receptor. Todos pensaban que los días de juego habían terminado para Alfred.

28   Pero, cuando tienes once hermanos dispuestos a lanzarte la pelota —primero suave y poco a poco más fuerte—, recuperas tus habilidades. También recuperas tu valentía. Y muy pronto Alfred volvió a vestir el uniforme de los hermanos Acerra.

29   "Para ser una persona con un solo ojo, era un receptor bastante bueno", contaba Freddie".

30   En la década de los cuarenta, algo apartó la atención de los hermanos del béisbol. Los soldados estadounidenses peleaban en la Segunda Guerra Mundial al otro lado del Atlántico, el mismo océano enorme al que "posturita" había lanzado las pelotas.

31   La guerra era cada vez más severa y los soldados perdían la vida, pero los hermanos sabían que era importante luchar por su país.

32   El equipo se disolvió porque seis de los hermanos Acerra se fueron a la guerra. "Posturita" fue el primero en alistarse. Él, Charlie, Eddie y Bobby se unieron al ejército. Billy y Freddie se enlistaron en la armada.

disolvió   Si un grupo se disolvió, se separó y sus integrantes ya no están juntos.

33   Los seis hermanos se fueron lejos de casa. Después de toda una vida hablando y jugando juntos día a día, dejaron de verse por meses, ¡incluso años! Extrañaban el olor a guisado salado del océano Atlántico.

34   Soñaban con su hogar de la infancia, con el abrir y cerrar de las puertas cuando salían a jugar y con las largas tardes lanzando la pelota en arcos altos, muy altos, de un guante a otro guante y a otro guante, en un campo lleno de hermanos.

35   En Nueva Jersey, sus padres y hermanos esperaban noticias. Las cartas tardaban mucho tiempo en llegar desde el otro lado del océano. Había mucho tiempo para preocuparse.

36   Cuando la guerra llegó a su fin, todos se alegraron. Eddie, que estaba en California con el ejército, estaba tan emocionado que se acercaba a algunas mujeres que ni conocía y las besaba.

37   Muchos soldados estadounidenses murieron en la Segunda Guerra Mundial, pero los hermanos Acerra tuvieron mucha suerte. Uno por uno, los seis hermanos regresaron de la guerra. La madre de los Acerra lloraba cada vez que veía entrar por la puerta a uno de sus hijos.

38   En el verano de 1946, la familia estaba lista para volver al béisbol. Estaban más viejos, por supuesto, y "posturita", que tenía problemas del corazón, ahora era el entrenador del equipo.

39   Se unieron a la liga de béisbol Twilight de Long Branch City y, durante los siguientes seis años, fueron cuatro veces campeones de la liga.

40   Todos los domingos, multitudes de espectadores llenaban las gradas para ver jugar al equipo "todos hermanos".

41   Con el paso del tiempo, los hermanos Acerra se casaron
y se mudaron de la casa de sus padres. Trabajaban muy
duro: en la compañía del agua, en la oficina de correos, en
la aseguradora. También empezaron a tener hijos.

42   En 1952, jugaron el último partido del equipo. Pero ya
habían pasado a la historia.

43   Los hermanos Acerra fueron el equipo de béisbol
"todos hermanos" de más larga carrera.

44   En 1997, el Salón de la Fama del Béisbol celebró una
ceremonia especial en su honor. Solo siete de los hermanos
quedaban vivos. Paul, Alfred, Bobby, Billy, Freddie, Eddie y
Bubbie asistieron a la ceremonia, junto con más de cien
familiares, incluida su hermana Frances.

45   El hijo de Jimmy donó el uniforme y el guante de su padre,
que se pusieron en exposición en este mismo museo que
también honró a Babe Ruth, Ty Cobb y Willie Mays. "Nos
trataron como reyes", dijo Freddie.

---

donó   Algo que se donó se regaló o se dio sin recibir nada a
cambio a una organización benéfica o a otro grupo.

46   Después de un día tan emocionante, uno podía imaginarlos partir al atardecer, felices para siempre.

47   Pero su autobús se rompió.

48   Pudieron haberse sentado al borde de la carretera a quejarse del insoportable calor del verano. Pero alguien encontró un bate y una pelota, y en lo que esperaban por otro autobús, las tres generaciones de Acerra jugaron a la pelota.

49   Aquella pelota se elevó en el cielo de abuelo a nieta, de padre a hijo.

50   De hermano a hermano.

---

generaciones   Las generaciones son todas las personas de una familia, un grupo social o un país que tienen más o menos la misma edad.

elevó   Algo que se elevó voló por el aire.

Conversación colaborativa

Vuelve a leer lo que escribiste en la página 416. Dile a un compañero lo que aprendiste. Luego trabaja en grupo y comenta las preguntas de abajo. Busca detalles y ejemplos en *Hermanos al bate* para explicar tus respuestas. Toma notas para responder las preguntas. Comparte tus ideas mientras conversas.

1 Repasa las páginas 421 y 422. ¿Qué detalles demuestran que el béisbol era importante para la familia Acerra?

2 Vuelve a leer la página 427. ¿Cómo ayudan los hermanos Acerra a Alfred para que vuelva a jugar al béisbol después de su lesión?

3 ¿Cómo cambió la vida de los hermanos Acerra con el transcurso del tiempo? ¿En qué aspectos la familia permaneció igual?

Sugerencia para escuchar

Escucha atentamente y mira hacia la persona que está hablando. Espera a que haya terminado antes de compartir tus ideas.

Sugerencia para hablar

Mira a los demás integrantes de tu grupo cuando hables. Habla con voz alta y clara para que todos puedan escucharte.

Escribir una biografía para el Salón de la Fama

TEMA PARA DESARROLLAR

Hermanos al bate es un cuento sobre doce hermanos que jugaron juntos al béisbol durante toda su vida. En 1997, los hermanos fueron incluidos en el Salón de la Fama del Béisbol.

Imagina que trabajas en el museo y que tienes que escribir una breve biografía de cada integrante del Salón de la Fama. Esta biografía aparecerá en la guía oficial del Salón de la Fama y también en un cartel en el museo, junto al uniforme y al guante de béisbol de Jimmy Acerra. Escribe un resumen corto e interesante de los acontecimientos más importantes del cuento de los hermanos Acerra. No olvides usar algunas de las palabras del Vocabulario crítico en tu escritura.

PLANIFICAR

Haz una lista de los acontecimientos que ocurren en la vida de los hermanos Acerra. Menciona los acontecimientos en orden. Encierra en un círculo cuatro o cinco acontecimientos que serían más interesantes para los visitantes del museo.

ESCRIBIR

Ahora escribe tu biografía para el Salón de la Fama sobre los hermanos Acerra.

✓ **Asegúrate de que tu biografía para el Salón de la Fama**

☐ presenta a los hermanos Acerra como el tema.

☐ desarrolla el tema con datos y detalles del cuento.

☐ cuenta los acontecimientos en el orden en el que sucedieron.

☐ concluye con un enunciado que explica por qué los hermanos Acerra están incluidos en el Salón de la Fama del Béisbol.

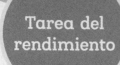

 Pregunta esencial

¿Qué aprendemos de los deportes sobre el trabajo en equipo?

Escribir un editorial

TEMA PARA DESARROLLAR Piensa en lo que aprendiste en este módulo sobre el trabajo en equipo.

Imagina que algunas personas de tu ciudad dicen que los jóvenes deberían pasar menos tiempo practicando deportes. Piensan que los estudiantes necesitan estar más tiempo en la escuela. ¿Estás de acuerdo? Escribe un editorial para el periódico de la escuela que explique lo que piensas y por qué. Apoya tu opinión con evidencias sólidas de los textos y el video.

Voy a escribir un editorial que diga _____.

✓ Asegúrate de que tu editorial
☐ plantea tu opinión.
☐ da las razones de tu opinión.
☐ usa evidencias de los textos para apoyar las razones.
☐ usa frases como *por ejemplo* para explicar las razones.
☐ termina volviendo a plantear tu opinión.

¿Qué opinión vas a compartir? ¿Qué razones la apoyan? Vuelve a leer tus notas y repasa los textos y el video para buscar evidencias.

Escribe una oración que plantee tu opinión en la tabla de abajo. Luego, escribe las razones y la evidencia que apoya a cada una. Usa las palabras del Vocabulario crítico siempre que sea posible.

Mi tema: _____

Mi opinión

Razón 1	Razón 2

HAZ UN BORRADOR ·· Escribe tu editorial.

Usa la información que escribiste en el organizador gráfico de la página 439 para hacer un borrador de tu editorial.

Comienza con una oración que **plantee tu opinión**. Haz saber a los lectores lo que piensas sobre el tema.

Escribe un párrafo que **dé las razones**. Usa la tabla de planificación para agregar detalles de apoyo para cada razón.

Razón 1	Razón 2

Escribe un final que **vuelva a plantear tu opinión** y resuma las razones.

En este paso tienes la oportunidad de mejorar tu escritura y hacer cambios.
Pide a un compañero que lea tu editorial y te dé su opinión. Descubre qué debes
aclarar. Las preguntas de abajo también pueden ayudarte a mejorar tu editorial.

PROPÓSITO/ ENFOQUE	ORGANIZACIÓN	EVIDENCIA	LENGUAJE/ VOCABULARIO	CONVENCIONES
☐ ¿He planteado mi opinión y por qué es importante?	☐ ¿Se presentan las razones en un orden lógico?	☐ ¿Usé evidencias de los textos para apoyar mis razones?	☐ ¿Usé palabras y frases de enlace, como *por ejemplo*, para explicar mis razones?	☐ ¿Comienzan todas las oraciones con mayúscula?
☐ ¿Están relacionadas claramente mis razones y mi opinión?	☐ ¿Se vuelve a plantear mi opinión al final?		☐ ¿Usé verbos de acción?	☐ ¿He usado los signos de exclamación, interrogación y el punto final en las oraciones correctamente?
				☐ ¿Usé los tiempos verbales correctamente?

PRESENTAR .... Comparte tu trabajo.

Crear la versión final Elabora la versión final de tu editorial. Puedes incluir una
fotografía o un dibujo para apoyar tus ideas. Considera estas opciones para
compartir tu editorial:

1 Reúne los editoriales de tu clase y combínalos para formar un libro.
Puedes ponerle un título, como *¿Son adecuados los deportes
para la escuela?*

2 Presenta tu editorial ante tu clase o ante otro grupo. Usa expresiones
y gestos que te ayuden a demostrar la importancia de tu opinión
y tus razones.

3 Publica tu editorial en el sitio web de tu escuela o clase. Invita a los
lectores a hacer comentarios.

Glosario

A

aceleran *v.* Cuando las personas aceleran los autos, los conducen muy rápido. El patinador acelera para pasar a los demás en la carrera.

actor *s.* Un actor es una persona que interpreta un papel en obras de teatro, películas u otras actuaciones. Mi sueño es ser actor y actuar en obras de teatro, películas y musicales.

actuaciones *s.* Cantar, bailar o actuar ante un público son formas de actuaciones. Sue Lyn practicó durante semanas para preparar su actuación.

anchas *adj.* Las cosas que son anchas tienen gran amplitud. Mi papá y yo volamos la cometa en el campo ancho.

antorcha *s.* Una antorcha es un palo largo con una llama en un extremo que puede utilizarse para alumbrar o para prender un fuego. La antorcha encendida estaba sostenida en lo alto.

anual *adj.* Un acontecimiento anual ocurre una vez al año. Toda la familia está deseando que llegue la fiesta anual de la tía Berta.

arenosos *adj.* Cuando sientes los ojos arenosos, los sientes como si tuvieran polvo o arena. Durante el tiempo que pasé en la playa, mis pies y piernas estaban arenosos.

arruga *v.* Una persona arruga la nariz para expresar disgusto. A veces mi hermana arruga las tareas mal hechas.

audición *s.* Cuando los actores o músicos van a una audición, hacen una actuación para demostrar lo que pueden hacer. Tengo una audición para el papel principal en nuestra obra de teatro de la escuela.

auténtico *adj.* Si algo es auténtico, es real y exactamente lo que parece ser. El regreso de su papá llenó a la niña de auténtica felicidad.

aventurarse *v.* Al aventurarse en un lugar, una persona va a un sitio desconocido que puede ser peligroso. Nos aventuramos por un camino desconocido.

B

Barroco *s.* o *adj.* El Barroco es un periodo histórico que se desarrolló durante los siglos XVII y XVIII. Los edificios de esa época eran muy elegantes y tenían muchas decoraciones. El Barroco y el Renacimiento son periodos históricos.

bienestar *s.* Si alguien se ocupa de tu bienestar, esa persona se asegura de que estás sano y feliz. A Jen le gusta encargarse del bienestar de su mamá.

bilingüe *adj.* Una persona bilingüe puede hablar dos lenguas. La nueva estudiante es bilingüe: habla inglés con nosotros en la escuela y habla coreano con su familia en su casa.

Origen de la palabra

bilingüe La palabra *bilingüe* proviene de la palabra latina de mediados del siglo XIX *bilinguis: bi-*, que significa "dos", y *lingua*, que significa "lengua". *Bi-* es un prefijo que se usa en otras palabras del español, como *bicicleta, binoculares* y *bisílabo*.

C

capitana *s.* Si eres la capitana de un equipo, eres la líder del equipo. El capitán del equipo de fútbol cargaba el trofeo después del partido.

característica *s.* Una característica es una cualidad importante o interesante de una persona o cosa. Le puse a mi perra el nombre de Pirata por la característica que tiene en un lado de la cara.

carga *s.* Una carga es algo pesado de llevar. Fue una carga tener que llevar a casa la mochila, los libros y los materiales escolares el último día de escuela.

cívico *adj.* La palabra *cívico* describe las obligaciones, los derechos y las responsabilidades que tienen los ciudadanos en una comunidad, ciudad o nación. Los funcionarios electos cumplen con su deber cívico sirviendo a nuestra nación.

colaboración *s.* La colaboración es el trabajo que se hace junto con un grupo para cumplir una tarea. La colaboración es importante para nuestro equipo de fútbol para poder hacer las jugadas que nos dice nuestro entrenador.

compasivo *adj.* Alguien que es compasivo es bueno y perdona a los demás. Si hago algo mal, mi padre es compasivo y siempre acepta mi disculpa.

competencia *s.* Cuando participas en una competencia, participas en un concurso o competición contra otra persona o equipo. El juego de tirar de la cuerda es una competencia divertida entre clases de tercer grado.

concentré *v.* Si me concentré en algo, puse toda mi atención y mis pensamientos en eso. Me concentré mucho en mi tarea de matemáticas para prepararme para el examen.

consultar *v.* Al consultar algo, buscas información en un libro o le preguntas a alguna persona capacitada. Necesitamos consultar el mapa para encontrar la isla.

D

contemplaba *v.* Si una persona contemplaba alguna cosa o idea, le prestaba mucha atención. Gaby contemplaba las nubes mientras descansaba.

convención *s.* Una convención es una reunión de personas que comparten los mismos objetivos o ideas. Sofía y su familia fueron a la convención a escuchar a los oradores y a ver las exposiciones.

creativo *adj.* Una persona creativa puede imaginar ideas e inventar cosas nuevas. Los artistas son personas muy creativas.

cristalinas *adj.* Las cosas que son cristalinas son claras y transparentes. El agua de esta playa es tan cristalina que puedo ver mis pies en el agua.

crónica *s.* Una crónica es un cuento o relato de una serie de acontecimientos. Leímos una crónica sobre cómo Sacajawea ayudó a Lewis y Clark a viajar hacia el oeste.

decepcionada *adj.* Si una persona está decepcionada, está triste porque algo no sucedió como ella quería. Viviana estaba decepcionada porque hoy no podía jugar afuera.

declaraban *v.* Si unas personas declaraban algo, se sentían seguras o decididas de hacerlo y expresarlo formalmente. El político declaraba los cambios que hará si gana las elecciones.

delegados *s.* Las personas elegidas para tomar decisiones en nombre de un grupo mayor se llaman delegados. La señora Campton es una de las delegadas que representa a los maestros de nuestra escuela.

democracia *s.* Una democracia es un tipo de gobierno en el que las personas eligen a sus líderes mediante votación. En Estados Unidos, votamos por nuestro presidente porque somos una democracia.

Origen de la palabra

democracia La palabra *democracia* proviene de las palabras griegas *demos*, que significa "pueblo", y *krátos*, que significa "gobierno". Por lo tanto, el significado de *democracia* es "gobierno del pueblo".

desentonan *v.* Los colores o estampados que desentonan lucen muy extraños o desagradables cuando están juntos. Mi mamá cree que las cosas en casa de la abuela desentonan, pero a mí me gustan los patrones de colores y objetos.

desfilan *v.* Cuando las personas desfilan, caminan al mismo paso, normalmente en grupo. Los guardias reales desfilan delante del palacio.

desvió *v.* Si una persona desvió algo que estaba en movimiento, lo hizo desplazarse en otra dirección. El portero desvió el balón antes de que cruzara el arco.

determinación *s.* Cuando intentas algo hasta que lo logras, muestras determinación. El atleta mostró determinación para acabar la carrera.

director *s.* Un director musical dirige a un grupo de personas que cantan o tocan instrumentos musicales. Nuestro director musical se asegura de que estamos cantando las palabras correctas en el momento adecuado.

disfraces *s.* Los disfraces son ropas especiales que pueden vestir las personas para fingir que son de otra época o lugar. Nos pusimos disfraces de animales para la obra de teatro de la escuela.

disgustada *adj.* Si una persona está disgustada, está triste y molesta por algo. Ashley estaba disgustada, pero su mamá trató de animarla.

disolvió *v.* Si un grupo se disolvió, se separó y sus integrantes ya no están juntos. Los fanáticos se molestaron mucho cuando se disolvió su grupo favorito de música.

distraer *v.* Para distraer a alguien, se aparta su atención de algo. Alicia se molesta cuando los compañeros la distraen de su trabajo.

domar *v.* Domar a un animal salvaje es amansarlo y enseñarle a hacer lo que quieres. El trabajo de la entrenadora es domar a los caballos enseñándoles a seguir instrucciones.

donó *v.* Algo que se donó se regaló o se dio sin recibir nada a cambio a una organización benéfica o a otro grupo. Las niñas ayudaron a empacar la ropa que la gente donó en la campaña de la escuela.

dotados *adj.* Si los seres humanos son dotados de algo, se les ha dado u otorgado ciertas cosas o cualidades. Desde su nacimiento el bebé fue dotado con una naturaleza alegre.

drástico *adj.* Hacer un cambio drástico es hacer algo muy diferente a lo que siempre se hizo. El color de la pintura ayudó a hacer un cambio drástico en mi cuarto.

E

elevó *v.* Algo que se elevó voló por el aire. El águila se elevó en el cielo azul transparente.

embaucarme *v.* Si alguien trata de embaucarme, me dice mentiras creyendo que puede hacerme creer algo que no es verdad. Mi amigo trató de embaucar a su padre, pero su padre no creyó la mentira.

emergencia *s.* Una emergencia es una situación inesperada que requiere ayuda o una acción rápida para mejorarla. El camión de bomberos se dirige con rapidez al lugar de la emergencia.

eminente *adj.* Una persona eminente es famosa e importante. Abraham Lincoln fue una persona eminente que creía que la gente debía ser tratada con justicia.

empinadas *adj.* Las colinas o montañas empinadas son difíciles de escalar porque están muy inclinadas. Bajaron en bicicleta por la cuesta empinada.

encuentros *s.* A los eventos deportivos en los que compiten deportistas y equipos también se les llama encuentros. Durante los encuentros de atletismo, los corredores deben mantener una posición fija antes del inicio de cada carrera.

enredada *adj.* Si una cosa está enredada, está enmarañada y revuelta. El hilo de colores estaba todo enredado.

enrolló *v.* Una cosa que se enrolló se puso en forma de rollo, o en forma de círculo o anillo. Clara enrolló la manguera después de regar las plantas.

ensayar *v.* Para ensayar una obra de teatro, una canción o un baile, practicas muchas veces para prepararte. El maestro de teatro ayudó a los estudiantes a ensayar sus papeles antes del estreno de la obra.

ensordecedor *adj.* Un ruido ensordecedor es un sonido muy intenso. Cuando hacen obras en la carretera, a veces el ruido es ensordecedor.

escombros *s.* Basura, desechos y desperdicios, como piedras, que se arrojan en un lugar. Después de la tormenta, la casa quedó hecha escombros.

escultor *s.* Un escultor es un artista que utiliza piedra, madera o metal para hacer una obra de arte. El escultor trabajó mucho para crear una bella escultura para el nuevo parque.

esfumó *v.* Si algo o alguien se esfumó, desapareció. Al oír los aplausos, se esfumó toda la ansiedad que había sentido hasta ese momento.

Origen de la palabra

esfumó La palabra *esfumó* proviene del verbo italiano *sfumare*, que significa "echar fuera el humo o el vapor". Por lo tanto, en sentido figurado, si alguien se *esfumó*, significa que "se hizo humo o desapareció".

expresar *v.* Cuando te expresas, muestras lo que sientes y piensas. Sus sonrisas expresan que están disfrutando la fiesta.

F

ferri *s.* Un ferri es un barco que lleva personas o vehículos a través de un río o canal. La mejor parte de las vacaciones con mi familia fue el paseo en el ferri.

final *s.* En los deportes, la final es el último partido de una competencia en el que se demuestra qué equipo o jugador es mejor. Los dos mejores equipos jugaron en la final y ¡ganamos nosotras!

fortaleza *s.* La fortaleza es la fuerza física que tiene una persona. Cuando mi hermana empujó el columpio, me sorprendió su fortaleza.

G

generaciones *s.* Las generaciones son todas las personas de una familia, un grupo social o un país que tienen más o menos la misma edad. En esta foto de mi familia, hay tres generaciones.

genio *s.* Es el modo en que te sientes, que puede ser alegre o enfadado. La palabra genio es sinónimo de humor. Mi amiga se pone de mal genio cuando tiene un mal día en la escuela.

gracia *s.* Si algo o alguien tiene gracia, tiene cualidades que lo hacen agradable, como la simpatía. Los dibujos de Alicia siempre me hacen gracia. ¡Tiene un gran sentido del humor!

guiña *v.* Una persona guiña un ojo cuando lo cierra rápidamente mirando hacia otra persona con quien comparte una broma o secreto. Ethan le guiña a su hermana menor mientras le da un dulce antes de la cena.

H

habilidad *s.* Si tienes la habilidad de hacer algo, lo puedes hacer porque sabes cómo hacerlo. Tengo la habilidad de representar muchos personajes diferentes.

hidrante *s.* Un hidrante es una tubería de agua que hay en las calles y que los bomberos usan para apagar los fuegos. Los hidrantes rojos son fáciles de ver en la nieve.

Origen de la palabra

hidrante La palabra *hidrante* contiene la raíz griega *hidro-*, que significa "agua". La raíz *hidro-* o *hidra-* se usa en otras palabras del español, como *hidroplano, hidratarse* e *hidráulico*.

I

ilustro *v.* Si ilustro un libro, hago dibujos que se relacionan con la historia. La maestra me dijo que le gustaba el modo en que ilustro mis cuentos.

impertinente *adj.* Algo o alguien impertinente molesta. Mamá trató de matar al mosquito impertinente.

imponente *adj.* Cuando algo es imponente, es asombroso o muy grande. Este es un edificio imponente.

inadvertido *adj.* Algo inadvertido no se nota y tampoco se ve. Mientras Carla hablaba por teléfono, el perro entró en la cocina inadvertido y se comió las sobras.

independencia *s.* Si eres libre de poner tus propias reglas y elegir por ti mismo, tienes independencia. Este año nuestra maestra nos dio la independencia de elegir nuestros compañeros de lectura.

individualidad *s.* Tu individualidad es lo que te hace diferente de los demás. Nuestro maestro nos recuerda que debemos respetar la individualidad de cada estudiante.

inquieto *adj.* Si alguien está inquieto, está preocupado porque algo malo podría pasar. Le dije a mi mamá que me sentía inquieta porque era el primer día de clases.

inspiró *v.* Una idea o acción que inspiró a una persona, la animó a hacer algo. Conocer a un bombero me inspiró a querer ser uno.

interceptó *v.* Si una persona interceptó algo, impidió que llegara al lugar donde se dirigía. Ricardo interceptó un pase para quitarle el balón de fútbol al otro equipo.

izada *adj.* Si una bandera está izada, está atada con cuerdas y colgada en lo alto de un poste o mástil. La bandera fue izada esta mañana por los cadetes.

L

leal *adj.* Cuando eres leal a alguien o a algo, lo apoyas con entusiasmo. Los leales seguidores gritaron y aplaudieron cuando el equipo anotó.

literato *s.* Un literato es una persona que dedica su vida a la literatura. Los literatos suelen ser escritores. No se me ocurre cuál podría ser mi literato favorito, ¡hay tantos!

Origen de la palabra

literato La palabra *literato* proviene de la palabra latina *litteratus*, que significa "que sabe leer". A su vez, *litteratus* está compuesta por *littera*, que significa "letra", y el sufijo *-tus*, que significa "que ha recibido". Por lo tanto, *literato* significa "que ha recibido el don de las letras".

M

manzana *s.* Una manzana es una sección de una comunidad que tiene calles por todos sus lados. Mi mejor amigo vive en la misma manzana donde vivo yo.

monumento *s.* Un monumento es una estatua o edificio grande que honra a una persona o suceso importante de la historia. Nos gusta caminar bajo el monumento que hay en el parque.

N

nacional *adj.* Cuando algo es nacional, forma parte o está relacionado con el país donde vives. El 4 de Julio es una fiesta nacional que se celebra en Estados Unidos de América.

P

pastoso *adj.* Algo pastoso es blando y pegajoso. El guacamole tiene una textura pastosa.

pena *s.* Cuando sientes pena, sientes mucha tristeza por algo o por alguien. Dereck siente pena porque piensa en su hermano Mike, que se mudó a otra ciudad para ser policía.

personal *adj.* Si algo es personal, está relacionado con una sola persona. Mi padre tiene un entrenador personal en el gimnasio.

Origen de la palabra

personal La palabra *persona* proviene de la palabra latina *persōne*. Tanto *personal* como *personalidad* provienen de la misma raíz del latín referente a una persona.

personalidad *s.* Tu personalidad es tu naturaleza o tu forma de pensar, sentir y actuar. Mis padres dicen que mi hermano y yo tenemos personalidades diferentes.

pobretón *s.* Alguien que es pobretón es muy pobre. La niña pobretona en la película lavaba la ropa en el río.

poleas *s.* Las poleas son ruedas con una cuerda alrededor del borde, que las personas pueden usar para levantar objetos pesados. Mi tío usó poleas para levantar el motor de su carro.

posteridad *s.* Si piensas en todas las personas que vivirán en el futuro y cómo serán sus vidas, piensas en la posteridad. Tenemos un retrato familiar que guardamos para la posteridad.

predecible *adj.* Algo predecible sucede como uno lo espera, sin sorpresas. Los problemas de matemáticas tienen un patrón predecible que sirve para encontrar la solución.

presentaron *v.* Si unas personas presentaron una cosa, la mostraron ante alguien. Presenté ante mis compañeros mi trabajo sobre el libro.

protestó *v.* Si alguien protestó, dijo por qué no estaba de acuerdo con una afirmación o con una idea. Los trabajadores protestaron porque no estaban de acuerdo con las nuevas reglas de la compañía.

R

recitó *v.* Si una persona recitó algo, dijo en voz alta lo que aprendió. Lucas recitó un poema sobre el reciclaje frente a la clase.

reconocimiento *s.* Un reconocimiento es un premio que se le otorga a una persona por haber hecho algo extraordinario. Se celebró una ceremonia en reconocimiento a los años dedicados a su carrera.

remolinó *v.* Si una cosa remolinó, hizo remolinos, o sea, giró rápidamente. El agua remolinó en círculos debajo del puente.

retahíla *s.* Una retahíla es una serie de muchas cosas que están en orden. De camino al auto, fue mencionando una retahíla de cosas que tenía que hacer en su trabajo.

Origen de la palabra

retahíla La palabra *retahíla* proviene de las palabras latinas *rectus*, que significa "recta", y *fila*, que significa "serie de cosas en hilo".

---

rivalidad *s.* Una rivalidad es una competencia entre equipos o personas que quieren ganar lo mismo. Los jugadores de los dos equipos de fútbol sabían que existía una rivalidad entre los dos equipos.

ronronea *v.* Cuando un gato ronronea, hace un sonido para demostrar que está contento. Mi gato ronronea cuando lo acaricio.

S

saga *s.* Una saga es un relato largo y detallado de sucesos heroicos. Greg esperaba llegar al siguiente capítulo de la saga antes de ir a dormir.

simbiosis *s.* La simbiosis ocurre cuando dos personas trabajan juntas de forma cercana y ambas se benefician de ello. Cristal y yo tenemos una simbiosis en la cancha de voleibol que nos ha ayudado a llegar a las finales del campeonato.

soberanía *s.* La soberanía es el derecho y poder que tiene una nación para gobernarse a sí misma o a otro país o estado. Los Padres Fundadores querían la soberanía, o la independencia, del Imperio británico.

soñolientos *adj.* Una persona que está soñolienta está medio dormida y no puede pensar con claridad. Mi hermanito estaba soñoliento y por eso se le hacía difícil leer su libro.

sugiero *v.* Si sugiero una cosa, le doy a otra persona ideas o planes para que piense en ellos. Estábamos emocionados cuando la maestra nos dejó sugerir ideas para la obra de teatro.

superior *adj.* Alguien que es superior en algo, tiene más habilidades que otras personas. Marta ganó el primer premio, lo que significa que sus habilidades para deletrear son superiores.

T

técnico *adj.* Los aspectos técnicos de un deporte son las habilidades y los conocimientos básicos que se necesitan para jugar. Mi entrenador observa las habilidades técnicas que uso para lanzar un tiro libre.

telón *s.* El telón es una cortina que separa el escenario de la sala. Al principio de la obra de teatro, se abrió el telón y, al final, se cerró.

tranquilizando *v.* Si estás tranquilizando a una persona, estás tratando de calmarla para que no se preocupe por algo. Alejandra seguía tranquilizando a su hermano diciéndole que encontraría el juguete que había perdido.

transmitir *v.* Cuando transmites información o sentimientos, comunicas una idea o se la das a entender a otra persona. El maestro transmite lo que espera de los estudiantes.

U

único *adj* Si algo o alguien es único, significa que no hay otro igual. Cada copo de nieve tiene una forma única.

unidad *s.* Unidad es cuando las personas se unen o juntan por una idea o causa común. Juntamos nuestras manos en señal de unidad antes de empezar el partido.

Origen de la palabra

único La palabra *único* proviene de la palabra latina *unicus*. A su vez, *unicus* está formada por los componentes *unus*, que significa "uno", y el sufijo *–ico*, que significa "relativo a". Por lo tanto, *único* significa "relativo a uno".

usualmente *adv.* Las cosas que haces usualmente, las haces de manera usual, habitual o como de costumbre. Usualmente Juan se cepilla los dientes cada mañana antes de ir a la escuela.

V

vacilación *s.* Una vacilación es una pausa que muestra inseguridad o indecisión. Lucía siguió leyendo después de una pequeña vacilación.

ventaja *s.* Una ventaja es una condición favorable o una mejor oportunidad que algo o alguien tiene. El ganador de la carrera alcanzó la meta con una ventaja evidente.

videojuegos *s.* La palabra videojuegos es una palabra compuesta por dos palabras: video y juegos. La palabra video describe una grabación de movimientos y acciones que se pueden ver en la pantalla de un televisor o una computadora. Mi familia disfruta jugar videojuegos durante los fines de semana.

vorazmente *adv.* Cuando comes algo vorazmente, comes más de lo que necesitas. Teníamos tanta hambre que comimos el maíz vorazmente.

Índice de títulos y autores

Índice de títulos y autores

Reconocimientos

Créditos de fotografías